FARK YARATAN LİDERLİK

Liderin Sırlarını Keşfedin

Yazar

Erhan Tunçay

Editör

Serda Kranda Kapucuoğlu

Yayınevi

Yazardan Direkt – Turkey

Cosmo Publishing – USA

ISBN: 978-605-9385-44-2

TEŞEKKÜR

Çalışma hayatımda rol modelim ve liderim olan, hayatıma dokunuşlarıyla müthiş tecrübe ve deneyim kazanmamda büyük emeği geçen eski Genel Müdürüm ve Yönetim Kurulu Başkanım Sn. Y. Akın Öngör'e,

Bu kitabı yazmamda beni cesaretlendiren ve katkı sunan Sn. Oğuz Saygın'a,

Katkılarından dolayı sevgili dostum yazar Mehmet Anıl'a,

25 yıllık çalışma hayatım ve kariyerim boyunca benimle birlikte çalışan ve başarılı olmamda katkıları bulunan tüm çalışma arkadaşlarıma...

İÇİNDEKİLER

ÖNSÖZ

Güçlü ve iyi liderliğin müthiş gücüne inanırım. İyi liderler kurumları, toplumu, ülkeleri... dünyayı değiştirebilirler. Kötüsü felaketlere yol açabilir. Günümüzde iyi lider eksikliğini ülkemizde ve dünyada o kadar hissediyoruz ki sürekli *iyi liderler* çıkmasını arzu ediyoruz. Umudumuzu yeni yönetici nesillerin, gençlerin iyi lider olarak yetişmelerine bağlamış haldeyiz. Gençlerin iyi lider olabilmelerine katkıda bulunmak, onlara koçluk, mentorluk yapmak ise bizim kuşaklar için bir görev olmalı.

Erhan Tunçay'ın yazdığı bu kitap liderlik konusunda kaleme alınmış çok güzel bir örnek. Konuya gerçek çalışma yaşamı deneyimlerinden süzülmüş bilgiler ve izlenimlerle yaklaşmış...bu da kitabın etkisini ve değerini arttırmış. En önemli başlıkları başarılı çalışma hayatından örnekler ile çok kolay anlaşılabilir bir dil ile anlatmış.

Koçlar ve mentorlar için de çok güzel bir kılavuz niteliğini taşıyor. Bu kitaptan çok yararlanılacağını umuyorum.

Erhan, değerleri çok sağlam olan iyi ahlaklı, çalışkan, saygı ve sevgi dolu, kendini devamlı geliştiren bir kişidir. Güler yüzlü ve yumuşak diğer taraftan etkili insan ilişkileri ile çok zorlu görevlerde bile başarılı ekip çalışması yapabilmiş iyi bir liderdir.

Sorunlu ve gerilimli ortamlarda, krizlerde, baskı altında sakin ve etkili kalabilmeyi beceren ve hızla çözümlere odaklanarak uygulama yapan çok iyi bir yöneticidir. Bu nitelikler ve yetkinlikler onun genç yaşlarda önemli görevler üstlenmesine neden olmuştur.

Genç yaşlarında örneği çok az olmuş en önemli görevleri yüklendiğinde, bu görevlerin hakkını veren çözüm odaklı ve kararlı yaklaşımı ile başarıyı yakalayan bir yönetici olmuştur.

Kendisi ile pek çok anım var ama burada bir tanesinden bahsetmek istiyorum. 1991'de Sovyetler Birliği'nde sonradan bankaya dönüştürdüğümüz Garanti Bankası temsilciliğinde görevli yöneticilerimizi çok elim bir kaza sonucu bir anda kaybetmiştik... Oraya süratle yönetici atamamız gerekmekteydi ve böyle bir duruma hazırlıklı değildik. Erhan'a bu görevi önerdiğimizde çok isteksiz olduğunu, konunun aciliyetini bildiğini ancak altı aydan fazla kalmamak kaydı ile kabul edeceğini söylemişti. Bu görevi Erhan başarıyla yerine getirdikten sonra biz de sözümüzü tutarak bu dönem sonunda geriye dönmesini sağlamıştık.

Kendisi bu görevi istememişti ama fedakarlıkla üstlenmiş ve sonra da nöbeti devretmişti.

Banka yöneticisi olarak iştirakimiz olan sigorta şirketlerini denetlediğimizde karmakarışık bir resim ile karşılaşmıştık. Banka yönetim kurulunu ikna ederek sigorta şirketlerimizde yönetim kurulunu ve üst yönetimi değiştirerek genel müdürlüğe Erhan Tunçay'ı getirerek ekibini kurmasını sağladık. Erhan ve ekibi, birlikte yılmadan çalışıp sigorta şirketlerimizi içinde bulunduğu zorlu durumdan çıkararak başarıya götürdüler. Devir aldıkları karmaşık ve zorlu tabloya rağmen moralleri bozulmadan yüzlerinin akı ile bu işten çıktılar... Bu büyük bir başarı idi.

Erhan Tunçay'ın bu kitabı kaleme almasının takdir edilecek bir şey olduğuna inanıyorum. Birikimlerini, deneyimlerin genç yönetici adayları ve yarının liderleri ile paylaşmasını çok erdemli bir davranış olarak görüyorum.

Sözlerimi Erhan'ın bu kitabında yer alan "Liderlik Özellikleri" bölümünden, benim de tamamen katıldığım bu alıntı ile bitirmek istiyorum:

"Benim için en önemli olan, birey olarak önce "insan" olmaktır. Pozisyonumuz ve makamdan aldığımız yetki ve güç ne olursa olsun çevremizde olan, birlikte çalıştığımız, kısacası hayatımızda yer alan herkese saygı duyarak, egomuzdan sıyrılarak, tepeden bakmayarak, empati ile yaklaşarak, yargılamadan, samimiyetle ve anlamaya çalışarak yaklaşmanın çok değerli olduğuna inanıyorum. Bunları uygulamanın ve içselleştirmenin çok da kolay olmadığını biliyorum. Kabul edelim ki kişileri lider yapan zaten bu yaklaşımlar, bu yaklaşımların yarattığı çekim gücü ve etkidir."

Y. Akın ÖNGÖR / Aralık 2017
Garanti Bankası Eski Genel Müdürü

GİRİŞ

Liderlik üzerine yazılmış birçok kitap ve yazı var. Bunların önemli bir bölümünün daha çok teorik, iş hayatında ciddi tecrübe sahibi olmayan ve yaşanmış hikâyeleri bulunmayan yazarlar tarafından yazıldığını söyleyebilirim. Bu kitapların çok önemli bilgiler içerdiğini ve benim de faydalandığımı söylemem lazım.

İş yaşamı kitaplarından her zaman çok yararlandım ve kişisel gelişimime her zaman katkı sağladılar. Özelikle yazarın birebir yaşadığı tecrübe ve olayların yer aldığı örnek vakalar her zaman ilgimi çekmiştir. Yaşanmış olaylardan çıkarılan dersleri idrak etmeyi, yapılması gerekenleri özümseyerek hayata geçirmeye çalışmayı bu kitapları okumanın bir parçası olarak görüyorum.

Yukarıda belirttiğim düşünce ve beklenti ile yöneticilere, yönetici adaylarına, bundan yararlanmak isteyen herkese liderlik özellikleri ile liderlik ve koçluk üzerine 25 yıllık profesyonel çalışma hayatımda edindiğim bilgileri, tecrübeleri, rol model aldığım liderlerle yaşanmışlıkları, hikâyelerimi, yaptığım hatalardan aldığım dersleri ve neleri başarılı yapabildiğimi aktarmak ve bu süreçte yaşadığım serüveni sizlerle paylaşmak için bu kitabı yazmaya karar verdim. Bunu yaparken de kitabın içeriğinin farklı olmasına gayret ettim.

Çalışma hayatım boyunca edindiğim bilgi, yaklaşım ve tekniklerin kendimi geliştirmenin yanı sıra, çalışma arkadaşlarımın gelişimine de hizmet etmesini hedefledim her zaman. Onların iyi bir yönetici ve lider olmalarına, insan ilişkilerini ve iletişim yeteneklerini geliştirmelerine zemin hazırlamayı kendi liderliğimin sorumluluk alanlarından biri olarak gördüm.

1988 Nisan ayında Garanti Bankası'nda başladığım uzman yardımcılığı görevinden birim müdürü oluncaya kadar geçen sürede edindiğim tecrübeyi, çalıştığım yönetici ve liderlerimden aldığım yaklaşım ve destekleri, daha sonrasında üstlendiğim genel müdürlük ve genel sekreterlik görevlerimde tüm öğrendiklerimi, aldığım sayısız eğitim ve özellikle liderlik ve yönetici koçluğu eğitimleri ışığında yönetici adaylarına ve kendini geliştirmek isteyenlere aktarmak istiyorum.

Ülkemizde çok değerli olan *yaşanmış deneyimler* maalesef paylaşılmadan, kişilerin zihninde hapsolarak unutuluyor. Ne yazık ki ne bugünün insanları ne de sonraki kuşaklar bu büyük deneyimler hazinesinden yararlanamıyor. İsteğim, amacım hem bugünün hem de yarının lider yönetici adaylarına liderlik ve koçluk deneyimlerimi tüm açıklığıyla aktarmak ve yaşadıklarımı yazılı hale getirmekti.

Bunu yapabildiğim, hayata geçirdiğim ve sizlere ulaştığım için çok büyük bir mutluluk duyuyorum.

Erhan Tunçay
Zekeriyaköy/ Aralık 2017

BAŞLARKEN

Sevgili okurlar... Sizlere önce kendimden bahsetmek isterim. Bu bölümde kendimle ilgili bilgi verirken ve daha sonraki bölümlerde yaşayarak elde ettiğim tecrübe ve deneyimleri aktarırken tereddüt yaşadım. Bunun sebebi çok fazla kendimden örnekler vererek sizler tarafından egosu yüksek biri olarak anlaşılmak konusundaki endişemdi. Sadece, yaşayarak elde ettiğim deneyimleri paylaşmak ve bu konuda yararlanmak isteyen herkese ulaşmaktı amacım.

15 Mart 1961 Adana doğumluyum. Büyük oranda balık burcunun özelliklerini taşıyorum dersem yanılmış olmam. Aslen Adanalı değilim. Rahmetli annem ve babam Garanti Bankası'nda çalışırken tayinleri Adana'ya çıkıyor ve 1957 yılında ağabeyim henüz bir yaşındayken İstanbul'dan Adana'ya taşınıyorlar.

O dönem babam Garanti Bankası Adana Merkez Şube Müdürü oluyor, annem de Akbank Adana Merkez Şube'de çalışmaya başlıyor. Ben de sevgi üzerine kurulu bir evliliğin ikinci erkek evladı olarak 1961 yılında dünyaya geliyorum.

Annem ve babamın görevleri 1964 yılına kadar Adana'da devam ediyor. 1964 yılında tekrar İstanbul'a dönüyoruz. Babam Garanti Bankası Kadıköy Merkez Şube Müdürü olarak, annem de o yıllarda Bahçekapı'da bulunan Garanti Bankası Genel Müdürlüğü'nde Kambiyo/Dış İşlemler Müdürlüğü'nde çalışmaya başlıyorlar.

Kadıköy Ziverbey'de 1964-1972 yılları arasında kendi evimizde oturduk. Çok güzel bir çocukluk dönemi geçirdim. Eski İstanbul'un o güzel sakin, yeşil, insanların birbirine çok daha kibar ve saygılı olduğu, eski filmlerinden aşina olduğumuz o nostaljik atmosfer içinde büyüdüm. En fazla 4-5 katlı evlerin olduğu, boş arsaların bolca bulunduğu bir çocukluktu benimki... Arsalarda, kum tepelerinde, bahçe ve sokakta, bugün artık unutulan, hakikaten bugünkü çocukların dünyasında yer almayan oyunlar oynayarak yetiştim. Misket, topaç çevirme, yakar top, saklambaç, çamurda oynanan çivi ile hapis etme, plastik arabalara telden direksiyon yaparak yarışmak gibi oyunlardı bunlar... Tabii ki futbol maçları... Ağaçlardan kiraz, erik gibi meyveler toplar zevkle yerdik. Ağaçlara tırmanırdık. Kısacası çok güzel ve eğlenceli bir çocukluk dönemiydi yaşadığım.

1972 yılında Melahat Şefizade İlkokulu'ndan mezun olduğum yıl Fenerbahçe'ye taşındık. Aynı yıl lise ve kolej sınavlarına girdim. Saint-Joseph Fransız Lisesi'ni kazanarak orta ve lise öğretim hayatına adım attım... ama nasıl bir kazanma ve kayıt serüveni... Benim hayatımı etkileyen ve değiştiren bir durumdu. O yıllarda merkezi sınav sistemi yoktu ve her okulun sınavına ayrı ayrı giriliyordu. Ben de sınavlara hazırlandım ve ağırlıklı yabancı okulların sınavlarına girdim. Ya yapımdan kaynaklanan ya da stresten olsa gerek hiçbir okulun sınavını asil listeden kazanamadım. Yedek listede olduğum iki okuldan biri Saint-Joseph Lisesiydi. Bu okula girmeye can atıyordum çünkü benden beş yaş büyük ağabeyim bu lisede okuyordu ve annem de Fransız Filolojisi mezunuydu. Anlayacağınız bizim evde frankofonluk etkisi vardı.

Okulların açıldığı gün yedek listeden sıra gelmediği için benim kaydım, Kızıltoprak'ta bulunan başka bir liseye yapıldı. Moralim bozuktu ancak hala haber bekliyordum. Sonunda ertesi gün Saint-Joseph Lisesi'nden kayıt için sıra geldiği bildirildi. Büyük bir heyecan ve sevinçle kaydımı yaptırmaya gittik. Ve sekiz yıllık Saint-Joseph Lisesi serüvenim başladı.

Başarısız olduğum genel sınav tecrübesinden sonra orta ve lise öğrenim hayatımda başarılı oldum ve bazı yıllarda teşekkür alarak bu mutluluğu da yaşadım.

Lisede aldığım eğitim ve formasyonun kişisel gelişimimde önemli bir rol oynadığını düşünüyorum. Bugünkü sistemde yer alan ezber ve çok şıklı sınav sistemi değildi bizimki. Düşünmeye iten, bir Fransız romanının tek bir cümlesi üzerinden kitabın ana fikrini bulmaya ve bu cümlenin ne demek istediğine kadar giden uzun ve detaylı kompozisyonlar, aynı zamanda bir matematik sınavında üç sorunun iki saat sürdüğü ve sayfalar süren çözümler ile yoğunlaşan eğitim sistemi...

1980 yılında liseden mezun olurken genel sınavla yapılan üniversite sınavına Üsküdar Amerikan Kız Lisesi ve Saint-Joseph Fransız Erkek Lisesi olarak üniversiteye hazırlık kursunda açtırdığımız ortak sınıf sonucunda başarılı olup olmadığımı tahmin edebilirsiniz. Sonuç yine hüsran... Yeterli çalışma ve hazırlığı yapmamamın sonucu tercihlerime puanım tutmadı.

Ağabeyim Saint-Joseph Lisesini bitirdikten sonra Boğaziçi Üniversitesi'ni kazanmıştı. Ben de o yıllarda da çok başarılı olan, güçlü eğitim ve akademisyen kadrosuna sahip Boğaziçi Üniversitesi'ni kazanmayı ve mezun olmayı çok istiyordum. Sonunda 1981 yılında, tercihlerim arasında yer alan Boğaziçi Üniversitesi Matematik Bölümünü kazanarak istediğim üniversitedeki yıllarım başladı.

Aslında Matematik tercih ettiğim ve hedeflediğim bölüm değildi. Bir yıl İngilizce hazırlık sınıfından sonra Matematik Bölümünde iki yıl okudum. Çok zorlandım. Sınıfta 30 kişiydik ve bölümden mezun olan yalnızca 4 kişiydi diye hatırlıyorum. Herkes başka bölümlere yatay geçişler ile bu zorlu bölümden kurtulmuştu. Bunlardan biri de bendim. Puanım İdari Bilimler Kamu Yönetimi Bölümüne (bugünkü adıyla Uluslararası İlişkiler) yatay geçiş yapmaya yetiyordu ve geçtim.

Ancak aklımda finans sektöründe çalışmak ve özellikle bankacılıkta kariyer yapmak vardı. Bankacılık 1980'lerin ikinci yarısında çok istenen, sektör olarak çok gelişim gösteren ve iyi üniversitelerden mezun, yabancı dil bilen insanlara çok ihtiyaç duyulan bir alandı. Annem ve babamın Garanti Bankası'nda çok uzun yıllar çalışmaları ve emekli olmaları, Garanti Bankası camiası içinde büyümem, bankacılık alanında kariyer yapma arzumu perçinliyordu.

Bu düşünceyle Kamu Yönetimine transfer olduktan sonra Boğaziçi Üniversitesi'nin efsane hocası rahmetli Prof. Demir Demirgil'e, İdari Bilimler İşletme Fakültesi ile *double major* (çift anadal) yapmak konusundaki görüşümü danıştım. Kendisi bana kamu Yönetiminden mezun olduktan sonra İşletme masterı yapmamı önerdi. İçimdeki arzu öylesine büyüktü ki sevgili hocama iki yıl daha bekleyemeyeceğimi söyledim ve İşletme Fakültesinden mezun olmam için gereken dersleri alarak hem Kamu Yönetimi hem de İşletme Fakültesinden *double major*/çift anadal diplomasıyla 1987 yılında mezun oldum.

İki yıl hazırlık sınıfı ve altı yıl orta-lise olmak üzere sekiz yıl, üniversitede toplam altı yıl (bir yıl İngilizce, artı beş yıl çift anadal öğretimi) üzerine bir de üniversiteyi kazanamayıp boş geçirdiğim bir yıl eklendiğinde, iş hayatına neden 28 yaşında adım atmaya hazır hale geldiğim anlaşılır.

Üniversiteden mezun olduktan sonra sekiz ay kısa dönem askerlik görevimi bitirdim ve 1988 Nisan ayında birkaç farklı şirketle yaptığım iş görüşmesinin ardından tercihimi yaparak Garanti Bankası'nda işe başlamaya karar verdim.

1987 sonuna doğru bankacılık sektörünün başarılı ve önde gelen isimlerinden İbrahim Betil ve liderlikte rol modelim olan, büyük sevgi ve saygı duyduğum Akın Öngör ile birlikte ağabeyim Engin Tunçay'ın da aralarında bulunduğu üst düzey yönetim ekibinin Garanti Bankası'nda göreve başlamaları hem ailemden gelen Garanti etkisi hem de ağabeyimin bu bankada Pazarlama Müdürü olarak çalışıyor olması Garanti Bankası'nda çalışma coşkumu kat be kat arttırıyordu.

İşe alım sürecinde yapılan görüşmelerin sonuncusunu o dönem Genel Müdür Yardımcısı görevinde bulunan Akın Öngör ile yapmıştım. Olumlu değerlendirilmem sonucunda Genel Müdürlük Pazarlama Bölümü Uzman Yardımcısı olarak Nisan 1988'de göreve başladım. Benim için müthiş bir serüven, öğrenme, tecrübe, kişisel gelişim, etkin yöneticilik ve liderlik becerileri edindiğim harika bir okul oldu Garanti Bankası. Bankadaki bu müthiş değişiminin öncüsü ve lideri olan Akın Öngör bana da unutamayacağım katkılar ve dokunuşlarda bulundu. Liderlik konusunda rol modelim ve hayatım boyunca saygı duyacağım liderim ve büyüğüm oldu. Bu kitapta yaşanmış örneklerle, yeri geldikçe Akın Bey'in liderlik özelliklerinden, bunları nasıl uyguladığından ve kendi görev yaptığım kurumlarda bunları nasıl uyguladığımdan bahsedeceğim.

Daha sonra Muhabir İlişkiler Bölümünde uzman yardımcısı ve uzman olarak çalıştım. İthalat ve İhracat Factoring işinin banka bünyesinde yapılandırılması konusunda Genel Müdür İbrahim Betil ve Genel Müdür Yardımcısı Akın Öngör tarafından görevlendirildim. Akın Bey'in 1991 Mayıs ayında Genel Müdür olması ile birlikte Garanti Bankası Moskova Temsilciliği görevine atandım. Yalnızca 5 yıl içinde, yani 1993 yılında Pazarlama Biriminde Gıda ve Çelik Sektörlerinden sorumlu birim müdürü olmuştum. Garanti Bankası gibi büyük bir bankada bu kadar kısa sürede birim müdürü olmak pek rastlanan bir durum değildi. Başarmıştım...

5 Nisan 1994 tarihinde alınan ekonomik kararların etkisi ile Amerikan dolarının iki ay içinde 14 TL'den 40 TL'ye fırladığı süreçte, Mayıs 1994'te Muhabir İlişkiler Müdürü oldum. 1994-1997 yılları arasında üç yıl başarı ile sürdürdüğüm bu görevde ekip arkadaşlarım ile birlikte

çok başarılı ve müthiş bir performans sergiledik. Garanti Bankasının yurt dışında kredibilitesinin artması ile 500 milyon Dolar olan yurt dışı finansman tutarının üç yılın sonunda USD 1,5 milyara çıkarılmasında önemli pay sahibi oldum. Türkiye'deki finans piyasalarında ilk defa gerçekleşen çok farklı yapılandırılmış, uzun vadeli finansmanlar gerçekleştirdik. Bu üç yıl içinde Bankanın Aktif-Pasif Komite Üyesi olarak görev yaptım. Bu komitede pazartesi sabahları toplanır, öğlene kadar bankanın tüm operasyon ve kalemleri üzerinde konuşulur, tartışılır ve bankanın politika ve stratejilerine karar verilirdi. Bunlarla ilgili yaşadıklarımı ve liderlik konusuyla bağlantılarını ilerleyen bölümlerde paylaşacağım.

1997 Mayıs ayında banka üst yönetimi Garanti Bank Moskova'nın Genel Müdürlüğü teklifini bana iletti. Tabii ki Akın Öngör'ün onayı ile... Ailevi sebeplerden bu görevi üzülerek reddettim. Ve Akın Bey'e yüzümü kızartarak atamayı kabul eden Kurumsal Krediler Müdürü arkadaşımdan boşalan pozisyona talip olduğumu ve uygun görülürse göreve hazır olduğumu ilettim.

Bu göreve talip olmamdaki en büyük neden bankacılık kariyerimde yukarı çıkabilmek ve ilerleyebilmek için kredi riski, risk analizi ve proje finansmanı konularında bilgi, deneyim ve tecrübe sahibi olmam gerektiğini düşünmemdi. Bu görevi 1997 Mayıs- 1998 Aralık arasında sürdürdüm. Çok değerli tecrübeler edindim.

1998 Aralık ayında Doğuş Grubu ve en büyük Fransız sigorta şirketlerinden AGF ile %50-50 ortak olunan AGF-Garanti Sigorta ve AGF-Garanti Hayat şirketlerine genel müdür vekili olarak atandım. Üç ay sonra AGF Sigorta Şirketinin, hisselerini Garanti Bankası'nın almasıyla Garanti Sigorta ve Garanti Hayat Şirketlerinin Ortak Genel Müdürlüğü'ne asaleten atandım. Beş yıl süren bu görevimde her iki şirkette başlattığım değişimin öncüsü ve lideri oldum. Şirketlerin reorganizasyonu, insan kaynaklarının yeniden yapılandırılması, iş süreçlerinin revize edilmesi, bilgi işlem alt yapısının yeniden düzenlenmesi, yeni ürünler ve stratejilerin oluşturulması konularının hayata geçirilmesinde ekibimle çok önemli başarılara imza attık. 2003 Ekim ayında ülkemizde başlayan Bireysel Emeklilik Sisteminin hazırlık çalışmalarına 2001 yılından başlayarak, uzun vadeli yatırım projesinin maliyet analizi ve projeksiyonunu hazırlayıp Doğuş Grubu İcra Komitesine sundum. Aldığım onayla yepyeni bir şirketin kurulması ve yapılanmasına liderlik ettim.

Genel Müdürlük yaptığım dönem içinde Türkiye Sigorta Şirketleri Birliği'nin Yönetim Kurulu üyesi olarak iki dönem üst üste olmak üzere dört yıl görev yaptım. Türk Sigorta Sektöründe duayen ve çok uzun yıllar üst düzey yöneticilik ve genel müdürlük yapmış abilerimle beraber en genç yönetim kurulu üyesi olmanın gururunu yaşarken, çok farklı deneyim ve bilgiler edindim.

Ağustos 2004'de genel müdürlük görevinden ayrılma gereği oluştu. Garanti Grubunda on altı yıllık bankacılık ve sigortacılık çalışma hayatımı noktaladım. T. Sigorta Şirketleri Birliği Yönetim Kurulu Başkanı Cahit Nomer, yönetim kurulunun kararı ile bana Birlik Genel Sekreterliği teklifinde bulundu. Bana bu teklifi, Birliğin tekrar yapılanması ve daha etkin bir kurum haline gelmesi için kurulan üç kişilik komite üyesi olarak ve alınan danışmanlık hizmeti sonucu kabul edilen aksiyon planının hayata geçirilmesi amacıyla yapmıştı. Sigorta Sektöründe yapılması gereken birçok konuya katkım olacağını düşünerek görevi kabul ettim. Aralık 2004 tarihinden Haziran 2013 tarihine kadar sekiz buçuk sene genel sekreterlik görevini büyük bir görev aşkı ve sorumluluğu ile yerine getirdim. Bu görevimde de güçlü bir ekibim vardı.

İleriki bölümlerde yeri geldikçe genel sekreterlik görevi sırasında yaşadığım deneyimleri sizlerle paylaşacağım. Yirmi beş yıllık profesyonel çalışma hayatım 30 Haziran 2013 yılında Birlik Genel Sekreterliğinden ayrılmam ile noktalandı. Bu tarihten itibaren sigorta ve finans sektörüne yönelik çeşitli projelerin içinde bulunarak danışmanlık yaptım ve yapmaya da devam ediyorum.

Bugün de liderlik ve koçluk alanlarında edindiğim birikim, deneyim ve yaşanmışlıkları bu konuda gelişime ihtiyacı duyanlara aktarma ve katkı sağlamak için yeni bir yola çıktım.

LİDER TANIMI

Lider tanımı ve liderlik kavramı üzerine birçok kitap yazıldı. Bunların bir kısmını okuyarak çok faydalı bilgiler edindim. Çalışma hayatımda yaşayarak edindiğim liderlik tecrübelerini okuduğum kitaplarda yer alan bilgiler ile pekiştirip bu kitabımda aktarmak istedim.

Bugün piyasada ya da sosyal medya üzerinden araştırma yaptığınızda azımsanmayacak sayıda liderlik konusu üzerine kitap ve kaynağa ulaşabilirsiniz. Bunların büyük çoğunluğu yabancı ve iş dünyası dışından yazarlar, az kısmı ise iş dünyasından gelen liderler/yöneticiler tarafından yazılmıştır. Hiç gözardı etmememiz gereken önemli bir konu da yaşadığımız coğrafya ve ülkede sahip olunan dinamikler, kültürel özellikler, yani kendimize ait ve has olan taraflarımızdır. Bir kurumda lider konumunda olan kişilerin Türkiye'de yaşadığı gerçeğini unutmadan hareket etmesi ve çalışanlarına, takipçilerine bu ülke insanının sahip olduğu özellikleri de dikkate alarak yaklaşması ve yönetmesi de başarı için olmazsa olmaz bir konudur.

Benim için dünya üzerinde kabul edebileceğim tek bir güçlü lider vardır. Bu kişi de Türkiye Cumhuriyeti'nin kurucusu ve önderim Gazi Mustafa Kemal Atatürk'tür. Çökmüş imparatorluğun mirası zor şartlar altında kazanılmış Kurtuluş Savaşı sonrasında halkını çevresinde birleştirerek bağımsız bir devlet kurmak ancak hem askeri hem siyasi alanda müthiş bir deha, inanılmaz bir vizyon ve öngörü sahibi, yüksek karizma ve bilgi, olağanüstü hitabet, etkileme gücü çok büyük bir liderin altından kalkabileceği bir iştir. Mağlup devletlerin siyasi ve askeri yetkilileri o dönemde ve bugün dahi kendisine duydukları saygıyı her fırsatta dile getirmişler ve dünyanın en etkili lideri olduğu konusunda fikir birliği etmişlerdir. Atatürk ile ilgili fazla söze gerek yok. Liderlik ile ilgili bir Türk vatandaşı olarak Cumhuriyetimizin kurucusu Atatürk'ten bahsetmeden geçemeyeceğimi ve her zaman şükran ile yad ettiğimi belirtmek istedim.

Günümüzde liderlik kavramı aslında geleneksel dominant-baskın-egemen modelden etkin iletişim-güven veren-samimi/bağ kuran bir modele doğru hızla evrilmiştir.

Güçlü Lider kendisi ve kendi çıkarından önce ekibinin çıkarını düşünen ve bu yaklaşımını onlara içten hissettiren kişidir.

Kendini ve kendi çıkarını öne koyan bir liderin takipçileri üzerinde olumlu bir etkisi olması mümkün değildir. Bu tip bir liderin yönettiği ekibin başarılı olması ve bunun sürdürülebilir olması da hayalden öte bir şey değildir. Bir düşünün otoriter, bağıran, çalışanların korku ile iş yaptığı, iletişim kurmayan bir kişinin yönettiği ya da yönettiğini zannettiği kurumdan başarı beklenebilir mi? Başarılı ve başarısız örnekleri çalışma hayatım boyunca gördüm ve liderlik konusunda nelerin yapılması ve yapılmaması gerektiğini gözlemledim ve özümsedim.

Her şey okuduğumuz kitaplarda yazan kurallar gibi gerçekleşmiyor maalesef. Öyle durumlar ile karşı karşıya kalıyorsunuz ki o an ya da süreçte içinizde var olan özellikleri ve yeteneklerinizi, aldığınız eğitimler ve yaşadıklarınızla elde ettiğiniz tecrübe ile harmanlayıp bir karara varıyorsunuz. İnanın bunlar müthiş deneyimler. Liderlik konusunda önemli bir püf noktası vardır.

Kriz/Panik /Baskı altında sakin kalmak...

Bununla ilgili liderlikte rol modelim Genel Müdürüm Akın Öngör ABD Basketbol Ligi NBA'de 1990'lı yılların efsane oyuncusu Michael Jordan'ı örnek verirdi. Yetenekli, özgüveni yüksek, ne yaptığını bilen, inisiyatif sahibi, risk alabilen, baskı altında sakin kalıp her durumda sayı yaparken, diğer yandan takım arkadaşlarına destek olan *güçlü lider* profili çizen müthiş bir basketbol oyuncusuydu.

Güçlü Lider böyle anlarda çalışanlarına, takipçilerine tavrı, yaklaşımı, iletişimi ve verdiği mesajlar ile güven verir. Kolay bir konu olduğunu söylemek zor. Ancak liderleri ve özellikle güçlü liderleri diğerlerinden ayıran en önemli özelliklerden biridir.

Güçlü Lider bu kitapta okuyacağınız özelliklerden birkaçına sahip olan değildir maalesef. Gelin birlikte liderliğin ne olmadığına göz atalım önce. Çoğu kişi liderliği bir mevki ya da makama ulaşma zanneder. Aslında bugün birçok yüksek pozisyonlara/mevkilere sahip kişiler o makamdan aldıkları gücü kullanırlar. Otoriteleri ile çalışanlarını baskı altında tutarlar. Çalışanlarının/takipçilerinin çıkarlarını gözetmeksizin, bağ kurmadan, "ben" diyerek yönetirler. Ülkemizde bu örneklerden çokça bulabiliriz. Bu tip liderlerin olduğu kurumlarda çalışanların kendilerine verilen emirleri, söylenenleri yapmaktan başka çareleri yoktur. Söz hakları olmadığı gibi içinde bulundukları sistemi daha etkili hale getirmek için eleştiri yapamaz, öneri getiremezler. Çünkü tedirginlik ve iş kaybetme korkusu hakimdir. Liderlerine saygı ve güvenleri yoktur. Çalışanlar mutsuz ve umutsuz duygular içinde çalışırlar. Bu tür bir ortamda şirketin başarılı olması ve sürdürülebilir başarıyı yakalaması imkânsızdır.

Liderliğin özünü oluşturduğuna inandığım şu üç cümleyi belleğimize kazımak çok önemli diye düşünüyorum.

- **Mevki, Statü ve Makam, Liderlik için kullanılan bir araçtan başka bir şey değildir.**
- **Lider ruhlu insanlar, güçlerini makamdan değil, kişisel niteliklerinden alırlar.**
- **Liderlik; yalnız bir özellikte çok iyi olmak değil, tüm özelliklerin toplamında çok iyi olmak ve karizma ile bu özellikleri kendine özgü bir biçimde bütünleştirmektir.**

İçinizde var olan gücü liderlik özellikleri ile birleştirdiği-nizde hiçbir durum, hiçbir oluşum takipçileriniz ve çalışanlarınızla olan etkileşimi bozamaz. Lider olmak için en üst makama, yani genel müdür, genel müdür yardımcısı ya da makamın adını ne koyarsak koyalım, ulaşmanız gerekmiyor. Bir birimde size bağlı çalışan ve takipçilerinizi dikkate alarak onların iş ve özel sorunları ile ilgilenmeniz, onları düşündüğünüzü, desteklediğinizi hissettirerek güven vermeniz, onların çıkarlarını gözettiğinizi göster-meniz ve onlarla kalbiniz ve duygularınız ile bağ kurmanız sizi lider yapar. Liderlik budur.

Liderlik, en yalın tanımıyla, insanların kendi yararlarına olacak gerekli adımları atmaları için onları etkilemek, doğru yöne sevk etmektir.

Evet, liderlik ruhu olan herkes liderlik potansiyeline sahiptir. Kendinizi geliştirerek içinizde var olan yetenekleri ve özellikleri lider olma yolunda geliştirebilirsiniz. Yeter ki inanın ve isteyin...

Liderin çalışanlarına, takipçilerine görevleri ne olursa olsun karizması ile yaklaşımı, etkileşimi, kazandırdığı güven, yarattığı etkin ve verimli çalışma ortamı, daha yüksek maaş olanakları yaratması, onlarla kurduğu bağ, ekip çalışma-sına verdiği önem ve "BİZ" demesi onu güçlü lider yapar.

1990'lı yıllar bankanın çok hızlı değişim ve dönüşüm yaşadığı yıllardı. Hem insan kaynaklarında hem de tüm operasyon süreçleriyle görev tanımlarında baştan aşağı yeniden yapılanma gerçekleştiriliyordu. Banka 300 şube-den 151 şubeye azalma sürecindeydi. Bankanın silkinme ve güçlenerek sadece Türkiye'de değil, dünya bankacılığın-da da adından söz ettiren bir aktör olarak sahaya çok daha güçlü çıkma vizyonu ve hedefi vardı.

Birçok proje aynı anda yabancı danışman şirketler ile sürdürülüyordu. Banka çalışanları büyük bir özveri ve gayretle, uzun çalışma saatlerinden rahatsız olmadan belirlenen ortak hedefe doğru kilitlenmişti. Ben de bu dönemde görev yaptığım her pozisyonda büyük bir coşku ve istekle, zaman sınırı olmadan çalışıyordum. Çünkü güvendiğim ve ne hedef verirse inandığım, takip edeceğim liderim vardı.

Buna örnek olacak bir anımı sizinle paylaşmak isterim. 1996 yılıydı. Bankanın aktif-pasif komitesinde alınan kararlardan biri de günün koşullarına göre maliyet açısından daha avantajlı olduğunda mutabık kalınan yurt dışı borçlanmanın yapılmasıydı. Garanti Bankasının yaptığı değişim ve başarılı performansı dünya bankacılık piyasasında kredi değerliliği ve notunu artırıyordu. Garanti Bankası detaylı incelemeler ve raporlar neticesinde S&P, Moddys ve Fitch gibi uluslararası *rating* kuruluşlarından güven katsayısı artmış ve uzun vadeli yatırım yapılacak finans kuruluşu kategorisine girmişti. Komitede alınan karar 7 yıl vadeli yapılandırılmış (structured deal) uzun vadeli finansman idi.

Garanti Bankası 1991 yılında küçülme sürecini başlatmış ve bu doğrultuda pek çok adım atmıştı. Hedef önce küçülüp verimsizlikten ve bunun getirdiği maliyetten kurtulmak, ardından güçlenerek hızlı koşan ve dayanıklı bir kurum yaratmaktı. Çok zorlu bir süreçti.

Bu süreci iyi yönetmek, bankacılık hizmetlerini eksiksiz sunarken piyasadan müşteri ve işlem hacmi payını fazla kaybetmemek ön plana alınmıştı. 1996 yılına gelindiğinde artık birçok alanda süreçler oturmaya, insan kaynakları kalitesi yükselmeye, iyi ve güçlü ekip olmaya yönelik ciddi adımlar atılmıştı. Garanti Teknoloji şirketi sayesinde bilgi işlem alt yapısı en son teknoloji ile değiştirilmiş, yeni ürünler, hızlı hizmet ve şubesiz bankacılık uygulamalarını Türkiye'de ilk uygulayan banka haline gelmişti.

Tüm bu gelişmeler bankanın yeni şubeler açmasına, iş bilen üniversite mezunu yeni personelin alınmasına, dolayısıyla hızlı ve karlı büyümesini sağlıyordu.   Bu süreçte Türkiye'ye gelen yabancı turistlerin kullandığı dövize natık (döviz cinsinden) çekler bankanın stratejik amaçla şube açtığı turistik bölgelerde çok aktifti ve bu pazardan çok önemli pay alıyordu. İşte banka üst yönetimi aracılık ettiği bu çeklerin teminat gösterilerek uluslararası finans piyasasından uzun vadeli finansman alınmasına karar vermişti. Bana ve ekibime ciddi bir sorumluluk ve zamana bağlı bir hedef verilmişti. Üç ay içinde 200 milyon USD, 7 yıl vadeli, menkul kıymetlere bağlı ve yapılandırılmış bir finansman modelinden bahsediyorum. Bu Türkiye'de ilk ve dünyada da çok az yapılan bir finansman türüydü.

Bizimle bu konuda çalışabilecek ve bankayı dünya finans piyasalarında tanıtıp pazarlayabilecek yabancı bir yatırım ve fon şirketi ile çalışmamız gerekiyordu. Yapılan görüşmeler sonucu SBC Warburg (Swiss Bank Corporation Warburg) şirketi ile iş birliği kararı alındı. Bankanın, döviz hesabı olan her yabancı banka ile ayrı sözleşmeler yapması ve bu bankaların Garanti Bankası'nın aracılık ettiği döviz cinsi çeklerin tutarlarına rehin koymaması gerekiyordu.

O dönemde mail yoktu. Tüm yazışmaları faksla yapıyorduk. Hem çalıştığımız hukuk bürosu White&Case, hem de onlarca yabancı banka ile yapılan işlemler böyleydi. Söz konusu finansman ile ilgili çalışmaları gündüz çalışma saatleri içinde belli saatlerde yapıyorduk. Çünkü yapılması gereken günlük birçok iş vardı. Akşam 18.00'den sonra Muhabir İlişkiler Birim Müdürü olarak ben, Hukuk Müşavirliğinden Av. Mine Taygun ve Müdür Yardımcım Serdar Oghan üç ay boyunca her gün sabaha karşı 03.00'e kadar, gerçekleşen işlemleri ve gelen yazışmaları okuyup tek tek kontrol ediyor, bunları SBC ve White &Case'e fakslıyorduk. Sabaha karşı eve gidip biraz dinlenip duş alıp tekrar işe gidiyordum. Çok yorucu, stresli ancak bir o kadar da heyecan verici ve motive eden bir durumdu.

Akın Bey her hafta toplantılarda ya da telefonla beni arayarak gidişat ile ilgili gelişmeleri sorar, nasıl bir desteğe ihtiyacım olduğunu anlar ve ona göre hareket ederdi. Bana düşüncelerini söyleyerek mentorluk, zaman zaman da koçluk yapardı. Bir lideri lider yapan şeylerin başında, çalışanlarını düşünmesi, onlarla ilgilenmesi ve her şartta onlara yanlarında olduğunu hissettirmesi gelir.

Görevin getirdiği sorumluluk, zorluk, stres ne kadar yüksek olursa olsun işimi hiçbir zaman öfkeyle, kızarak, mutsuz bir şekilde yapmadım. Tam aksine heyecan, yüksek motivasyon ve büyük bir istekle yaptım. Bunun nedeni liderimdi. Bana güvenmesi, samimi ve açık iletişim kurması, empati yaparak benimle ilgilenmesi, hatırımı ve neye ihtiyacım olduğunu sorması, hayatıma dokunması ve kariyerimin geleceği ile ilgili güven vermesi çok önemliydi.

Bir insan kişiliğine, duruşuna, yaklaşımına sevgi ve saygı duyduğu, en önemlisi inandığı bir lider için her şeyi yapmaya hazırdır.

Bu arada unutmadan söyleyeyim. Bu zorlu finansman modelini karmaşık, çok taraflı ve yeni bir finansman şekli olmasından dolayı üç ayda değil ama beş ay gibi bir sürede başarıyla ekip olarak tamamladık. Ben görevimi tamam-lamanın verdiği iç huzuruyla yeniden yoğun çalışma hayatına devam ettim.

LİDERLİK ÖZELLİKLERİ

Liderlik üzerine yazılan birçok kitapta "Lider olunmaz, lider doğulur" diye yazar. Birçok insan da bugüne kadar böyle düşünmekteydi. Bana göre bu gerçekten tartışmaya açık bir konudur. Liderlik ruhunun bir kişide mutlaka bulunması gerektiğine inananlardanım. Sosyal olmayan, içine kapanık ve dışa açık olmayan insanların liderlik etmesi ve insanları peşinden sürüklemesi bana göre hayaldir. Bir kişinin kişilik yapısında ve ruhunda insanları karizmasıyla etkileme gücü, iletişimi, sosyalliği, ikna kabiliyeti, -ki bunların bir kısmı çocuklukta da ortaya çıkan özelliklerdir- liderliğin olmazsa olmazıdır. Diğer özellikler aile ve okul eğitimi ile birlikte kişisel gelişim eğitimleri yardımıyla geliştirilebilir ve kişi bu süreçte güçlü bir lider olabilir inancındayım.

Enerjisi, bakışı, konuşma yeteneği, beden dilini etkin kullanması, dürüstlüğü, yüksek etkileme gücüne sahip olması, özgüvenli duruşu ve ikna etme yeteneği, güçlü bir liderde olması gereken özelliklerdir. Bunları hissedersiniz. Bu doğrultuda oluşturduğu vizyonu gerçekleştirmek için tüm zorlukları aşmak için kararlıdır. Vizyonu, misyonu ve yüksek beklentileri açık ve net şekilde çalışanlarına aktarır ve onlara güvendiğini her fırsatta hissettirir. Çalışanlarının/takipçilerinin fikir ve düşüncelerine önem verir, onların çıkarlarını kendi çıkarlarından önde tutarlar, aktif olarak dinlerler ve bunun için gerekli ortamı yaratırlar.

Lider olarak atanmak sizi lider yapmaz. Her lider koltuğuna oturan kişi bu konumu henüz hak etmiş değildir. Atanmak ya da seçilmek sadece bir başlangıçtır. Lider tanımı bölümünde bahsettiğim gibi lider olmak için en üst makama ulaşmak, atanmak ya da seçilmek gerekmiyor. Size bağlı bir ya da daha fazla kişi bulunması ve bu görevinizde yapacaklarınız, sizden bir lider yaratır ya da yaratmaz. Bunu bir kez daha vurgulamak isterim. Çünkü genel algı, liderin en üst makamda olan kişi olması gerektiği yönündedir.

Benim için en önemli şey, **birey olarak önce insan olmaktır.** Pozisyonumuz ve makamdan aldığımız yetki ve güç ne olursa olsun çevremizde olan, birlikte çalıştığımız, kısacası hayatımızda yer alan herkese saygı duyarak, egomuzdan sıyrılarak, tepeden bakmayarak, empati kurarak, yargılamadan, samimiyetle ve anlamaya çalışarak yaklaşmanın çok değerli olduğuna inanıyorum. Bunları uygulamanın ve içselleştirmenin çok da kolay olmadığını biliyorum. Kabul edelim ki kişileri lider yapan zaten bu yaklaşımlar ve yarattığı çekim gücü ile etkidir.

Çalışma hayatımda yaklaşımım ve en değer verdiğim konu insanca davranmak ve bunu ön plana almaktı. Çalıştığım kurumlarda güvenlik görevlisinden başlayarak karşılaş-tığım herkese gülümseyerek hatırını sormak, göz teması kurarak ellerini samimiyetle sıkmak her şeyden önce büyük bir etkileşim ve duygu yaratırdı. Onların arasında olduğumu, her zaman ulaşılabilir, kendilerini dinlemeye hazır olduğumu hissettirmek ve bunu içten bir bağ kurarak yapmak aramızdaki güven ve samimiyeti artıyordu.

Koç Grubu Başkan Vekili Ali Koç'un 2017 yılında bir konferansta liderlik ve iyi insan olmak üzerine yaptığı konuşmasından bir bölümü aşağıda paylaşmak istiyorum.

"Bence artık dünyanın yeni tarz liderlere ihtiyacı var. Her kesimde. Lider deyince bunu siyasete çekmeyin lütfen. 21. Yüzyıl bambaşka sıkıntılar, bambaşka problemlerle karşımıza çıktı. Bir de bunun üstüne teknolojiyi koyuyor-sunuz. Teknoloji günlük hayatımızdan şirketlere kadar hayatın her kesimini etkiliyor. Değişim her zaman oldu ama değişim hiçbir zaman bu kadar çabuk olmadı... 21. Yüzyılın problemlerini 20.yüzyıl anlayışı ve liderlik yapısı ile ya da 20. Yüzyılın kurumları ile çözmemiz mümkün değil...

Davranış, tarz, duruş karakter... Öyle bir dünyadayız ki artık yetenek yetmiyor. Bambaşka özellikler aranıyor. Karakteristik özellik, davranış, tutum, hal, özel hayat, baskı altında, kötü sonuçlar karşısında nasıl duracağınız, nasıl davranacağınız... Ya da tam tersi çok başarılı olduğunuzda hal, hareket, tavır değişecek mi, değişmeyecek mi, hala takım oyuncusu musunuz, bencil misiniz? Bu artık her geçen gün çok daha fazla önem kazanıyor. Yani bulunduğunuz kurumun kültürüne sadece yetenekleriniz ile değil, duruşunuzla, karakteristik özellikleriniz ile nasıl katkı yapacağınız... Bunları söylemesi kolay, gerçekleştirmesi zor...

Bir de iyi insan olmak konusuna girmek istiyorum. Son dönemde utanmanın, mahcubiyetin kendi ülkemizde yıpranmış olduğunu düşünüyorum. İyi insan olmaya çalışın. Adil olun, merhametli olun, kendinize yapılmasını istemediğiniz bir şeyi başkasına yapmayın. Ben çocuk-larıma bir tek şey öğretiyorum. O da bu... Gerisini zaten kendileri keşfedecekler. Mesela Milli Eğitim Bakanı olsam, hatta daha üstünde olup değişime katkı sağlayacak konumda olsam, ben, iyi insan olmayı okul müfredatına koyarım. İlkokuldan üniversiteye kadar bunu tutarım... İyi insan olmak olmazsa olmaz önceliğiniz olmalı."

Evet, artık günümüzde yetenek yanında karakteristik özellikleriniz de öne çıkan sizi diğerlerinden ayrıştıran ve lider olarak öne çıkartan önemli bir unsur... Ve tabii "önce iyi insan" olmak...

Yukarıda bahsettiğim *"Önce İnsan"* olmak konusuna örnek olarak yaşadığım bir durumu paylaşmak isterim.

Akın Bey'in önsözde yazdığı ve paylaştığı anılarından biri benim bankanın Moskova temsilciliğinde görevlendiril-mem ile ilgiliydi. Akın

Bey görevi kabul etmekte isteksiz olduğumu yazmış. Çok doğru. Ancak bunu kapris ya da çalıştığı kurumun ihtiyacına karşılık vermeyen biri olarak asla yapmadım. Bunun sebebi o dönem Moskova temsilciliği görevinde olan rahmetli Yakup Aktüroğlu ile çok yakın iş arkadaşı ve dost olmamızdan kaynaklanıyordu. İkimiz de bankadaki görevlerimize 1988 yılının mayıs haziran aylarında yeni başlamıştık ve Pazarlama Koordinasyon bölümünde yan yana oturuyorduk. İyi iş arkadaşlığının yanında çok iyi dost olmuştuk. İki yıl sonra Yakup Moskova temsilciliğine atandı. 1 Mayıs 1991 günü Akın Öngör'ün Garanti Bankası Genel Müdürlüğü'nün açıklandığı gün sevgili Yakup ve Azeri yardımcısı Zeytun'un ölüm haberleri geldi. Fuara katılmak üzere Moskova'dan Talin şehrine giderlerken sarhoş bir Rus TIR şoförü arabalarına çarparak ölümlerine neden olmuştu. Büyük bir şok yaşanıyordu bankada... Ben bu duruma inanamamış ve çok sevdiğim çalışma arkadaşımı ve dostumu çok genç yaşta kaybetmiştim. Büyük bir moral bozukluğu içindeydim. 30 yaşındaydım.

Akın Bey bu olayı duyduktan sonra bankanın genel müdürü olarak Moskova temsilciliğine acilen birinin gönderilmesine ve yapılan işlerin durmaması gerektiğine karar vermişti. Moskova temsilciliği Banka için Türkiye-Sovyetler Birliği bankacılık işlemlerinde çok önemli bir temsilcilikti. Aynı gün beni odasına çağırarak bu kayıplarla ilgili ne kadar çok üzgün olduğunu ancak işlerin de devam etmesi gerektiğini söyledi. Bu nedenle beni bankanın Moskova temsilciliğine göndereceğini ve bana güvendiğini ifade etti. Ben bu üzücü haberin üzüntüsü ve moral bozukluğu içindeydim. Ayrıca önceliğim rahmetli Yakup'un naaşı ve özel işleri ile de ilgilenip her şeyi halletmekti. İçinde bulunduğum ruh hali ile bu görevi kabul etmek istemediğimi söyledim. Akın Bey liderliğini göstererek bana güvendiğini, benim üzüntümü paylaştığını ve anladığını, Türkiye ve Sovyetler Birliği içindeki Rusya Federasyonu ile doğal gaz barter antlaşması çerçevesinde Garanti Bankası'nın %35 pay ile açık ara birinci banka olduğunu, bunu banka olarak riske atamayacağımızı ve bu işlerin takip edilmesi gerektiğini belirtti. Ben de evli olduğumu, içinde bulunduğum ruh durumumu dikkate alarak 3 ay sonra yerime birini bulmaları şartıyla görevi kabul etmeye hazır olduğumu cesaretle söyledim. Akın Bey büyük bir olgunlukla bu teklifimi kabul ettiğini ve 3 ay sonra beni genel müdürlükteki görevime geri alacağını söyledi ve söylediği şekilde mayıs başı gittiğim Moskova'dan ağustos ortasında görevi başka bir çalışma arkadaşıma devrederek İstanbul'a döndüm.

Akın Bey'in konuya yönelik gösterdiği yaklaşım ve olgunluk beni çok etkilemişti. Bir liderin en sıkıntılı ve ihtiyaç duyulan anda çalışanına güvendiğini ve ona ihtiyacı olduğunu belirtmesi, empati yaparak onu dinlemesi ve anlamasına çok güzel bir örnektir diye düşünüyorum.

Bu bölümde sizlere tek tek liderlik özelliklerini saymayacağım. Takip eden bölümlerde örneklerle paylaşmaya çalışacağım.

> *"Başarı için farkı siz yaratabilirsiniz. Bunun için başlamanız gereken ilk nokta kendinizsiniz." Dostoyevski, Rus Yazar*

> *"Başarının ilk şartı söylediğini yapmaktır"*
> *Friedrich Schiller, Alman Filozof, Tarihçi, Şair*

BÖLÜM II

LİDERİN KİŞİLİK ÖZELLİKLERİ

1. KARİZMA

Karizma, liderliğin temel taşlarından biridir. Karizma kelimesi eski Yunancadan gelir. Olağanüstü çekiciliği olan liderlerin kendisine ve kişiliğine, yandaşlarınca yakıştırılan büyüleyici güç ve yetenek, anlamındadır.

Karizma "Etkileyebilme Sanatıdır."

Karizmatik liderlerin geleneksel yaklaşım ve statükoyu yıkma ve değiştirme eğilimi vardır. Karizmatik liderlerde görülen en önemli özellikleri şöyle sıralayabiliriz,

- Alışılmamış davranışlar göstermek
- Kişisel risk almak
- Geleceğe dönük vizyon sahibi olmak
- Takipçilerinin ihtiyaçlarına duyarlı olmak
- Köklü değişim için harekete geçmek
- Şartları gerçekçi olarak değerlendirmek
- Kendini güçlü şekilde ifade etmek
- Statükoyu değiştirmek için mücadele etmek

Karizmatik liderlerin ilk fark edilen özelliklerinden biri kendilerini iyi ifade edebilmeleridir. Karizmatik liderin verdiği mesajlar ve buna yönelik davranışları, çalışanların tutum ve davranışlarını değiştirmelerine etki eder. Bu ise lidere olan inancı arttırır ve işe karşı olan tavırlar da olumlu yönde gelişir.

Karizmatik lider, takipçilerinin ihtiyaçlarına duyarlıdır, kişiliklerine saygı gösterir. Yüksek empati duygusu ile çalışanlarına yaklaşırlar.

Akın Öngör tam anlamıyla güçlü bir karizmatik liderdi. Çizdiği vizyon etrafında yeniden şekillendirdiği ekibe toplantı ya da birebir görüşmelerde enerjisi, hitabet ve etkileme gücü ile verdiği mesajlar, hedefler, yarattığı güven duygusu, ekibine değer verdiğini ve önemsediğini hissettirmesi bizlerin müthiş bir bağlılık duygusu ve özveriyle hedefe kilitlenerek çalışmasına neden oluyordu. O modern, yönetime katılım modelinin egemen olduğu bir banka yaratmak istiyordu. Kişisel risk alarak ve çalışanlarının ihtiyaçlarına duyarlı olarak değişim sürecini ekibiyle yönetip başarılı oldu.

Bu konuda bir anımı aktarmak isterim. Yıl 1997... Garanti Bankası'nda Kurumsal Krediler Müdürüyüm. Türk bankacılık sektöründe ilk defa kurumsal bankacılık konseptini oluşturan ve kurumsal şubelerini kuran ilk banka 1994 yılında Garanti Bankası'dır. Şubelerden gelen kredi teklifleri ekibimdeki kredi analistleri tarafından değerlendirilir, tarafımdan incelenir ve onayımdan geçenler kredi komitesine sunulurdu. Kredi komitesinde kurumsal krediler müdürü olarak ben banka Genel Müdürü Akın Öngör'e her dosyayı anlatır ve onayına sunardım. Görev yaptığım 1,5 yıllık süre içinde 3-4 dosyada kredi analizi yaparken takıldığım ve şubenin de ilgili firmadan detaylı bilgi alamadığı ancak kredi riski açısından önem derecesinin az olduğu kalemler vardı. Bunların kredi riskini olumsuz etkileyen konular olmadığına karar vererek dosyaları Akın Bey' e sunmuştum. Kadere bakın ki benim takıldığım kalemler ile ilgili kendisi de sorular sorunca tatmin edici cevap verememiştim. Akın Bey sadece yakın gözlüğünü aşağı indirerek bana bakar ve "Erhan, dersini yeterince çalışmamışsın, bir sonraki dosya" derdi. Bu beden dili ve tavrı benim yerin dibine geçmeme yeterli olurdu. Çünkü liderimin bana olan beklentisi ve güvenini karşılayamadığımı derinden hissederdim.

Bu 3-4 dosya deneyimimden sonra en ufak noktada aklıma takılan bir konu varsa o kredi dosyasını kredi komitesine ve Akın Bey'in görüşüne sunmadım. Bu bana güzel bir ders ve tecrübe olmuştu. Yapılan işi hakkıyla ve düzgün yapmak ve sizin içinize sinmesi çok önemlidir. Güçlü liderin karizması ile ekibi üzerinde yarattığı etki ve saygıya güzel bir örnek olduğunu düşünüyorum.

2. VİZYON

Vizyon, Lider olarak hayalinizi, varmak istediğiniz hedefi belirleme özelliğinizdir. Yani geleceğe dair tasarlanandır. Bugün içinde bulunduğunuz gerçekliğin ötesini görme, henüz var olmayanı icat etme yeteneğidir. Vizyoner lider, yeni fikirler bulmaya, yeni düşüncelerin cesaretlendiril-mesine isteklidir. Şunu söylemek kuşkusuz doğru olacaktır:

Lider, vizyonunu gerçekleştirmek için gereken gücü makamından değil tutkusundan alır.

Tutkuyla hayal ettiği ve inandığı hedefe doğru yapılması gerekenleri yapacak, bütün adımları atacaktır. Vizyonunu gerçekleştirmek yolunda hiçbir engel onu durdurama-yacaktır. Vizyoner olmak ufkun ötesini görmektir.

Liderin vizyonu gerçekleştirme hedefinde en önemli olan konu bu hayalini, vizyonunu takipçilerine, çalışanlarına açık ve net anlatarak inanmalarını sağlamak, katkılarının ne olacağını iletmek ve kendilerine olan yarar ve çıkarlarını söylemektir. Liderin vizyonunu paylaşacağı, yansıtacağı insanlar olması gerekir. Liderin gücü, vizyonunu gruba yansıtmak, inandırmak ve aynı umudu grupla paylaşmakla ölçülür. Bu umut hem liderin hem gruptaki insanların gönlündeki kıvılcımı ateşlemeli, herkes gözlerinin önünde beliren geleceğe ait resmi birlikte görebilmelidir. Liderin, inandığı ve grubun içtenlikle paylaştığı bir vizyonu olursa bu takipçileri bir mıknatıs gibi çeker.

Ancak maalesef birçok liderin ne gidilecek yer hakkında bir fikri var, ne de ekibine gelecek ile ilgili bir projeksiyon yapabiliyor. Daha çok gündelik işler ile uğraşarak, detaylara odaklanarak işleri yönetmeye çalışıyorlar. Koydukları rakamsal hedefler çalışanlar ve takipçileri için bir engele dönüşüyor. Bu açıdan konuya yaklaştığımızda liderin birincil görevi ekibinin, şirketinin, partisinin, ülkesinin anlam haritasını, vizyonunu yönetmek olmalıdır.

Hz. Mevlâna'nın çok güzel bir sözü vardır. "Kendini okyanusta bir damla sanma. Bir damlanın içinde kocaman bir okyanussun."

Ne kadar derin bir anlamı var... İçimizde var olan potansiyeli, gücü ve neler yapabileceğimizi bize anlatan müthiş bir ifade.

Kendi değerinizin farkında olun ve yapmak istediklerinizden asla vazgeçmeyin.

Vizyoner lider olarak günümüzde en önemli örneklerden biri Facebook'u kuran Mark Zuckerberg'tir. 1984 yılında New York'ta doğan Zuckerberg 2002 yılında Harvard Üniversitesi'ne girdi. 2003 yılında Harvard'daki yurt odasında uykusuzluk çektiği bir yaz akşamı aklına FaceMash adında bir site yaratma fikri geldi. Hızlıca bir program geliştirdi. Program, veri tabanında bulunan herhangi 2 kız öğrencinin fotoğraflarını rastgele seçiyor, bu fotoğrafları yan yana koyarak "Hangisi daha seksi?" diye soruyor ve kullanıcıların oylama yapabilmesine olanak sağlıyordu.

Site oldukça fazla ilgi görmüş ve Harvard'daki öğrencilerin büyük bir kısmı siteyi ziyaret etmişti. Fakat ziyaretçi sayısı sınırın üzerine çıkınca sunucu aşırı yüklemeden dolayı kilitlendi. Hackleme olayı için üniversite yönetimi tarafından henüz bir komite kurulmamışken yaptığı şeyi itiraf etti. Tabii ki, Mark Zuckerberg'e kimse "Aferin" demedi ve disiplin cezası aldı.

4 Şubat 2004 tarihinde Mark Zuckerberg, şimdilerde tüm dünyada Facebook.com olarak bilinen TheFacebook.com alan adını satın aldı. 2005'e gelindiğinde ise Facebook Amerika'daki tüm eğitim kurumları

ve üniversiteler için erişilebilir bir platforma dönüşmüştü. Kullanıcıların Facebook'a olan ilgisi hızlı bir şekilde artıyordu. Bu nedenle, platform kaydının halka açılmasına karar verildi. Böylelikle Facebook da başlamış oldu. Bugün Facebook'un ne durumda olduğunu ve Mark Zuckerberg'in dünyadaki en genç zenginlerden biri olduğunu hepimiz biliyoruz.

Bir başka çarpıcı örnek de otomobil markası Tesla'nın kurucusu Elon Musk'tır bana göre... Kendisi çok küçük yaştan itibaren bir dünya insanı olarak dünyayı daha iyi bir yer haline getirme konusunda fikirler üretmiş ve onların peşinde koşmuştur. Belirli bir olgunluğa ve yaşa vardığında insanın yarattığı teknolojinin ve bu teknolojinin kullanımının dünya ekolojik dengesine zarar verdiğini, bu sebeple dünyada delikler oluştuğunu ve bu deliklerden su almaya başladığını, bu gidişatın insanoğluna telafisi zor zararları olacağı inancıyla, "Dünyayı daha yaşanır hale getirmek ve insanoğlunun geleceği için yeni, yaşanabilir gezegenler keşfetmek ve yaşam ortamları sağlamak" gibi bir vizyon koymuştur. Bazılarına bu vizyon delice gelebilir. Büyük ve güçlü ülkelerin, milyon dolarlık şirketlerin yatırım yaptığı alanlara kendisinin de girip başarılı olması, koyduğu vizyon ve hedef doğrultusunda, bu vizyona güvenen bir ekip yaratması sayesinde olmuştur. Elon Musk bugün dünya otomotiv sektöründe dizaynı ve teknik özellikleri ile ses getiren çevre dostu elektrikli otomobil olan Tesla'yı yaratmıştır. En çok çevre kirliliği yaratan nedenlerin başında gelen enerji üretimi konusunda güneş enerjisi ile enerji yaratan çatı malzemeleri ve benzer alanlardaki farklı üretimleriyle sürdürülebilir, temiz enerjiye çok büyük yatırımlar yapmıştır. Diğer bir başka ve önemli yatırım konusu da uzay teknolojisidir. İnsanoğlunun Mars gezegenini bir yaşam merkezi haline dönüştürmesi ve insan soyunun devamı için yeni bir yaşam alanı yaratılması konusunda ABD/NASA, Rusya ve Çin gibi bu alana büyük bütçeler ayıran bir sahada yatırımcı olarak yoluna devam etmektedir.

Vizyon için bir başka örnek de Türkiye'den. Bu örnek bugün ülkemizde ve dünyanın çeşitli ülkelerinde faaliyet gösteren "Simit Sarayı" markası. Simit, yaşam biçimi ne olursa olsun, her Türk insanın hayatında olan, sevdiği bir ürün. İstanbul'da dört çalışanla başlayan, bugün tüm dünyada 6.500 çalışanı, günlük 500 bine yakın müşterisi olan bir dünya markasına dönüşen bir şirket bugün Simit Sarayı. Simit Sarayı Yönetim Kurulu Başkanı Haluk Okutur'un 2000'li yılların başında kariyer arayışı, ODTÜ İşletme Mühendisliği eğitiminden sonra kendisine "Nasıl bir iş yapsam?" sorusu onun Erzincan'dan kalkıp İstanbul'a gelmesine neden olur. Çünkü Haluk Okutur'un inandığı şey, simidin günün 24 saati boyunca herkesin severek tüketilebildiği bir ürün olduğu ve çok fazla miktarda satılabilmesinden dolayı insanların yoğun olduğu bir yerde olması gerektiğidir. Simit Sarayı'nın serüveni Boğaziçi Üniversitesi girişinde küçük bir dükkânda başlar. Eşyaları da yakılmak üzere bekleyen, marangoz atölyesinden alınan küçük tabure ve sandalyelerdir.

Haluk Okutur'un vizyonu Simit Sarayı'nı önce Türkiye'de ve sonrasında dünyada markalaştırmak olmuştur. Bu vizyonu ortaya koyarken Mc Donalds'ın sahip olduğu 34.000 mağaza sayısına karşılık 34.000+1 Simit Sarayı mağazasına sahip olmak ve 100.000 çalışanı olan *Simit Sarayı* ailesi yaratma hedefi belirlemiştir.

Hayallerinizi, düşüncelerinizi asla sınırlamayın. İngilizce'de bir deyim vardır. "Sky is the limit" Yani sınır gökyüzüdür, sınır yok anlamına gelir.

Büyük başarılar küçücük bir fikirden filizlenebilir.

Ne kendinizin ne de çevrenizde bulunan herhangi birinin düşüncesini hafife alın.

> *"İnsan bir daire sahibi olmayı hayal edebilir. Eğer daha büyük bir hayal kurarsa, iki daire sahibi olmayı hayal edebilir. Daha da büyük bir hayal, 2 dairenin yanında bir de deniz kıyısında bir ev hayal edebilir. Ama Versailles Sarayı'nı, sadece bir kral düşleyebilir."*
>
> *Stefano D'Anna, Yazar, Filozof*

3. GÜVEN

Güven, sadece liderle takımı arasında değil lider ve müşterileri, tüketicileri, tedarikçileri, hissedarları, özetle çevresi ve toplumu arasında da oluşmalı. Liderin başlıca hedeflerinden biri kurumuna duyulan güveni artırmaktır. Lider ekibine ve takipçilerine yapamayacaklarını asla vaat etmemelidir.

Liderine güvenen ekip, zor ve riskli durumlarda kendilerini ona emanet edebileceklerini, zaaflarını onunla paylaşabileceklerini bilir. Güvenilen lider de çoğunlukla ekibine aynı güveni yansıtır, yani onlara açılmaktan, desteklerini talep etmekten çekinmez.

Güven kazanabilmek için liderlik karakterine sahip olmak; dürüstlük, iyi niyet ve samimiyet gerekir. Takipçiler de liderlerine inanmak ve güvenmek isterler. Bir başka önemli nokta ise liderin çalıştığı ekibine saygı göstermesidir. Bu da lider ve ekibi arasındaki güveni artırır. Eğer lider çalışanlarının çıkarını düşünerek hareket ediyorsa güven verir. Astlarını yetkilendirerek hem onlara güvendiğini gösterir hem de ekibinin kendisine güvenmesini sağlar.

1991 yılında Akın Öngör Garanti Bankasına Genel Müdür olmuştu. Aynı yıl bankanın Eski Genel Müdürü İbrahim Betil ve iş adamlarının ortak olduğu Bank Ekspres kurulmuş ve kadrosuna yetenekli bankacıları toplamak istiyordu. Garanti Bankası'nda Genel Müdür Yardımcısı, Birim ve Bölge Müdürleri ve Şube Müdürlerinden bir kısmı aldıkları teklif sonucunda Bank Ekspres'e transfer olmuşlardı. Ben de o dönemde Muhabir İlişkiler Biriminde uzman olarak çalışıyordum. Birimde müdür yardımcısı pozisyonu boştu ve müdür yardımcısının tüm görev tanımı ve sorumlu-luğunu bilfiil yerine getiriyordum. Bu nedenle ya maaşımın artırılması ya da müdür yardımcılığına atanmam konusunda talebimi Birim Müdürüne, İnsan Kaynaklarına ve daha sonra bağlı olduğum Genel Müdür Yardımcısına ilettim. Ancak müdür yardımcılığına terfi için 2 yılı doldur-mam, dolayısıyla 10 ay beklemem gerektiği söylendi.

Bu süreç içinde Garanti Bankası Genel Müdür Yardımcısı iken Bank Ekspres Genel Müdür Yardımcılığı görevine transfer olan ve beni iyi tanıyan büyüğüm, CHP Malatya Milletvekili de olan rahmetli Mevlut Aslanoğlu bana pazarlama birim müdürlüğü pozisyonunu teklif etti. Aldığım maaşın 2,5 katı ve bir otomobil maddi olanak-larıydı. Doğrusu el sıkışma noktasına dahi gelinmişti. Bu gelişmeyi ve rahatsızlığımı duyan Akın Bey beni odasına çağırarak uzman yardımcısı pozisyonundaki bir çalışanına yoğunluğu içinde otuz dakika ayırarak önce beni dinledi. Sonra bana olan güvenini, bankadaki performansım ve kişiliğimden duyduğu memnuniyeti, bankadaki kariyerim için bana yatırım yapıldığını, bu bankanın yönetiminde geleceğim olduğunu çok açık, ikna edici ve samimi şekilde ifade etti. Bana Bank Ekspres'e geçtiğim takdirde mutsuz olacağımı ve bunun nedenlerini izah etti. Sorular sorarak konuyla ilgili farkındalık yarattı. Bana koçluk yaptı ve lider olarak benim çıkarımı düşündüğünü hissettirdi. Bank Ekspres'e transfer olmak için ayrılma kararı alan pek az kişiyle böyle bir görüşme yaptığını özellikle vurguladı. Kalpten ve samimi bir iletişimde bulunmuştu. Bu gururumu fazlasıyla okşamıştı. Akın Bey'in genel müdür olarak samimi, açık yaklaşımı kendisine olan saygımı ve güvenimi daha da artırdı. Görüşme bittiğinde bana olan güvenine ve yaklaşımına teşekkür ederek Garanti Bankası'nda çalışmaya devam edeceğimi bildirdim.

Güven konusuna bir başka örnek Türkiye Sigorta Şirketleri Birliği Genel Sekreterlik dönemimden. 2009 yılı Eylül-Aralık aylarına ait. Özel hayatım ile ilgili çalkantılı ve sıkıntılı günler geçiriyordum ve benim için oldukça zor bir dönemdi. Görevim gereği bürokratik ve özel sektörde önemli toplantılara katılmak durumundaydım. Çok sevdiğim, Garanti Sigorta ve Garanti Emeklilik Genel Müdürü iken Birlik Yönetim

Kurulunda birlikte görev yaptığımız ve daha sonra üç dönem yani altı yıl Birlik Başkanlığı yapan sevgili Hulusi Taşkıran benim bu durumumu yakinen biliyordu. Kendisi o dönem Mapfre Genel Sigorta'nın Genel Müdürü'ydü. Başkanım olarak benimle ilgili eleştirileri ve bu durumda görev yapmamın doğru olmadığını söyleyen bazı yönetim kurulu üyelerine karşı beni savunmuş, yaşadığım bu süreçte destek olmuş ve şahsıma her türlü anlayışı göstererek ekibine güvenen ve zor durumdan çıkması için destek ve güven veren bir liderlik yaklaşımı sergilemişti. Hayatımın zorlu bir döneminde bana Birlik Başkanı olarak çok önemli liderlik örneği göstererek hayatıma dokunan ve verdiği destekle sıkıntılı dönemi atlatmamda yardımcı olan sevgili Hulusi Taşkıran'ı bugün şükranla anıyorum.

Liderin ekibine güvendiğini hissettirmesi ve bu ortamı yaratması çalışanlarının da liderine olan güvenini sağlamlaştırır. Lider ve ekibinin karşılıklı güveni başarı için esastır.

Zira güven ayna gibidir. Bir kez kırıldı mı hep çizik gösterir.

4. ÖZGÜVEN

Özgüven aslında kendimizle barışık olma halidir. Yani kendimizi olduğumuz gibi kabul etmektir. Kendi kimliğine güvenen ve saygısı olan bir kişi komplekse kapılmadan, küçük düşme korkusu duymaksızın bulunduğu ortamda son derece rahattır. Bu tür insanlar göz teması kurmaktan kaçınmazlar. Duruşu, kararlılık ve özgüvenini yansıtır.

Şunu söylersek bence doğru bir tanımlama yapmış oluruz. Özgüveni yüksek bir kişi hata yapmaktan korkmaz, hatayı öğrenme fırsatı olarak kabul eder, birlikte çalıştığı ve güvendiği ekipten başarılı olan ve öne çıkanları tehdit olarak algılamaz. Tam aksi olarak **güçlü lider, lider yetiştiren kişidir**. Bu da özgüvenli olmaktan geçer.

Kendine güvenen bireyler, kendilerini oldukları gibi kabul eden, kendileriyle barışık insanlardır. Güçlü ve zayıf yanlarını bilen, hatta zafiyetlerini dile getirmekten çekinmeyen, sürekli öğrenmeye ve gelişmeye açık insanlardır. Hangi alanlarda yetkin olduklarını, hangi alanlarda kendilerinden çok daha yetkin insanlar olduğunu bilirler. Kendilerinden daha akıllı, daha zeki, daha yetenekli, daha başarılı insanlarla çalışmaktan memnun olurlar.

Kendine güvenen insanlar, düşündüklerini söylemekten çekinmezler. Bir konu tartışılırken, başkalarını memnun etmek için değil, düşündüklerini ifade etmek ve dinleyenlere kendi fikirlerini iletmek için konuşurlar. İfade ettikleri fikirleri –eğer daha iyi bir seçenek varsa– değiştirmekten çekinmezler. Ama hiçbir koşulda, kendilerinden daha yukarıda olanları ya da kendilerine bağlı insanları memnun etmek adına inanmadıkları bir fikir ileri sürmezler.

Kendi fikrini yüksek sesle ifade etmek kadar, başkalarının fikirlerini dinlemeye açık olmak ve gerektiği durumlarda kendi fikrini değiştirmek ancak kendine güvenen insanların yapabileceği bir iştir.

Özgüvenli olmak, sadece kendi fikrini ifade etmekle sınırlı değildir elbette.

Kendine güvenmek, hayatta başına ne gelirse gelsin, insanın kendi yoluna devam edeceğine ya da yeni yollar bulacağına olan inancıdır. Hayat sadece güzellik ve iyiliklerden ibaret değildir. Kuşkusuz herkes başarısızlık yaşayabilir ve başına -kendi çapında- "felaketler" gelebilir. Kendine güvenen insanlar, düştükleri zaman kalkmasını ve yollarına devam etmesini bilen insanlardır.

Liderlerin en büyük özelliği, yollarına devam etme kararlılıklarıdır.

Aralık 1998 başında sigorta şirketlerine genel müdür olarak atandıktan bir ay sonra o zaman adı AGF Garanti ve AGF Garanti Hayat olan şirketlerin ortak yönetim kurulu toplantısı vardı. Akın Öngör'ün Yönetim Kurulu Başkanı olduğu kurula Fransız üyeler de katılacaktı. Bir ay içinde her iki şirketin hem mali hem de sigortacılık tekniği açısından durumunu anlamam, yılsonu bilançosunu netleştirmem ve 1999 yılı bilanço ve hedeflerini belirleyerek yapılacak yönetim kurulu toplantısında sunmam gerekiyordu. Göreve başlarken eski üst yönetim-den çoğu kişinin işine son verilmişti. Şirketlerin denetimini yapan banka teftiş ekibinin başında bulunan Ertuğrul Bul'un benimle genel müdür Yardımcısı olarak çalışmasını istedim. Kendisini tanımıyordum. Ancak bu işte hiç bilmediğim bir alandaydım ve problemli bir durumdu. Ben de sırtımı dayayacağım ve güveneceğim bir yakın çalışma arkadaşına ihtiyaç duydum. Banka yönetimi tarafından kabul edildi ve kendisiyle saygı, sevgi ve güvene dayalı çalıştım.

Yönetim kurulu toplantısına kadar günlük işler sürerken yoğun bir şekilde, uzun toplantı ve çalışmalarla şirketlerin ana stratejilerinin ve hedeflerinin belirlenmesi gerekiyordu. Bankadaki görevlerimde öğrendiklerim, edindiğim tecrübeler, karar mekanizmasının içinde bulunuşum, risk analizi becerim, yenilikçi ve sürekli değişim içinde olan bir kurumdan gelmem ve bankada yapılan birçok projenin içinde olmam bana farkında olmadan muhteşem bir deneyim, bilgi ve özgüven sağlamıştı. Genel Müdürlük görevimde gerekli gördüğüm değişimleri kararlılıkla uygulayabildim. Tabii bunu yaparken ekibimle yarattığımız karşılıklı güven ve inanç bu hedefi gerçekleştirmede itici güç oldu.

Sigortacılık alanında bilmediğim birçok konu vardı. Bunları pozisyonumdan gocunmadan, en ufak konuyu dahi danışarak sürekli öğrenmeye ve kendimi geliştirmeye yönlendirdim. Çünkü sahip olduğum özelliklere, bilgiye, duruşuma güveniyordum. Özgüvenim tamdı. Bilmediğim her konuyu sordum ve bundan hiç çekinmedim. Çalıştığım ekip arkadaşlarıma daima bilmedikleri konuyu sormalarını, araştırmalarını, bunun, makamları ne olursa olsun kendilerinden bir şey kaybettirmeyeceğini, dahası ayıp olmadığını her fırsatta dile getirdim. Birebir görüşmelerimde onlara koçluk yaparak kendi farkındalıklarını bulmaları yönünde destek oldum. Zaman zaman mentorluk yaparak öneri ve yönlendirmelerde bulundum. Bunları yaparken çok büyük keyif aldım. Çalışma arkadaşlarımın sonraları sigorta sektörü ve diğer sektörlerde genel müdür, genel sekreter, genel sekreter yardımcısı ve genel müdür yardımcılığı görevlerinde bulunması beni fazlasıyla mutlu eden ve gururlandıran bir konu olmuştur.

Özgüven ile ilgili bir başka anımı daha paylaşmak isterim. Bu anımı yazarken hoşgörünüze dayanarak konuyu biraz detaylandırmak zorunda kalacağım. Yıl 2011. Türkiye Sigorta Şirketleri Birliği Genel

Sekreter görevindeyken trafik sigortası uygulamalarına yönelik kanun değişikliği hakkında Çalışma ve Sosyal Güvenlik Bakanlığı ile Hazine Müsteşarlığı hazırlık içindeydi. Konu, trafik kazasına karışmış araçların neden olduğu yaralanmalar ve yaralıların ambulanslar ile en yakın kamu hastanelerine sevk ve tedavileri sonucunda ortaya çıkan tedavi giderlerinin kusur oranında sorumlu olan sigorta şirketlerinden tahsilinde yaşanan sorunun çözümü ile ilgiliydi. Yapılacak kanun değişikliği ile bu sorunun giderilmesi amaçlanıyordu. Aslında sorun kendisinden talep edildiği anda ilgili masrafları kamuya ödemesi gereken sigorta şirketlerinde değil, görevini tam yapmayan ve söz konusu tedavi masraflarını talep ve tahsil etme konusunda sağlıklı çalışmayan ilgili bürokrasideydi. Yani sigorta şirketlerinin, kendilerinden talep edilmeyen bu tedavi giderlerinden haberleri olmuyordu.

Yapılacak kanun değişikliği sigortacılık tekniğine uygun olmamakla birlikte, Türk Devleti'nin geçmişte imzalamış olduğu trafik sigortası uygulamasına yönelik uluslararası anlaşmaya aykırıydı. Sigorta Sektörü olarak bu konuda Sağlık Bakanlığı, Çalışma ve Sosyal Güvenlik Bakanlığı ve Hazine Müsteşarlığı ile yapılan görüşmelerde sonuç alamıyorduk.

Yapılması düşünülen kanun değişikliğine yönelik Çalışma ve Sosyal Güvenlik Bakanlığı'nda konuyla ilgili Müsteşar Yardımcısının daveti ile bakanlıkta kamudan tüm tarafların katıldığı toplantıya genel sekreter yardımcım ile katıldım. Toplantıda Müsteşar Yardımcısı önerinin detaylarını konuşmak istediğinde kendisine buraya öneri detayını konuşmaya gelmediğimizi, davete icabet ettiğimizi ve konuyu reddettiğimizi ve Birlik olarak tüm hukuki haklarımızı saklı tuttuğumuzu söyledim. Toplantıda soğuk bir duş etkisi oldu. Toplantı çok uzamadan sonuçlandı. Birkaç gün sonra Müsteşar Yardımcısı beni telefon ile arayarak kanun önerisi ile ilgili benim Birlik Yönetim

Kurulunu ikna etmemi öneriyordu. Benim başarılı ve sağlam karakterli biri olduğumdan bahsederek özel sektörden kamuya geçişlerin olduğunu ve benim de önemli bir kamu kurumunun başında görev yapabileceğimi söyledi. Kendisine düşüncelerinden dolayı teşekkür ederek telefonu kapattım.

Bu gelişmeyi de yönetim kuruluna bildirdim. Birlik Yönetim Kurulu Sigorta Sektöründeki tüm üyelerinin desteğini alarak TBMM Plan Bütçe Üst Komisyonunda görüşülecek kanun değişikliğine, TBMM Bütçe Plan Komisyonuna katılarak itiraz edilmesine karar verdi ve benimle birlikte Genel Sekreter Yardımcım Mehmet Kalkavan'ı görevlendirdi. Komisyon toplantısı başlamadan koridorda eski kamu görevinden tanıdığım, dönemin Sosyal Güvenlik Başkanı ile karşılaştım ve sohbet etmeye başladık. Sohbet kanun önerisi üzerinde yoğunlaştığında bana yapılan kanun değişikliği önerisine itiraz etmemem konusunda canımı sıkacak derecede söylemlerde bulundu. Bu yaklaşıma ve fütursuz harekete çok sinirlendiğimi hatırlıyorum. Temsil ettiğim sektör ve makamı düşünerek ve karşımda SGK Başkanı olduğunun idraki ile kendisine duymayı hoşlanmayacağı bir şekilde bu konuya sonuna kadar itiraz edeceğimizi ifade ettim. TBMM Plan Bütçe komisyonuna tüm partilerin milletvekilleri, ilgili bakanlıklardan Bakan, Müsteşar, Müsteşar Yardımcısı düzeyinde bürokratlar ve medya katılmıştı. Konuyla ilgili görüşmeye geçildiğinde Çalışma ve Sosyal Güvenlik Bakanlığı Müsteşar Yardımcısı 650 milyon TL'yi bulan tedavi giderlerinden oluşan kamu alacaklarının Sigorta şirketlerinden tahsil edilemediğini ve bu sebeple kanun değişikliği talebinde bulunduklarını komisyona iletti.

Ben de söz alarak Plan Bütçe komisyon başkanı ve üyelerine yönelik konuşmama başlayıp, toplantıda bulunan dönemin güçlü bakanlarından Çalışma ve Sosyal Güvenlik Bakanı'na dönerek Müsteşar Yardımcısının komisyona verdiği bilgilerin doğruyu yansıtmadığını, bakanlık olarak sundukları görüşleri kabul etmediğimizi, kamunun gerekli düzenlemeleri yıllardır yapmadığını, kamunun yerine getirmediği sorumluluktan dolayı oluşan görev zararını hiçbir günahı ve hatası olmayan sigorta sektörüne yükleyerek kurtulmaya çalıştığını çok net ve açık, ancak nezaket kuralları içinde ifade ettim. Sigorta sektörünün çıkarını ve hakkını korumak adına yüksek bir görev bilinci ve sorumluluğu ile kanun değişikliğini yapmaya kararlı bir hükümet ve bakanlık karşısında, profesyonel bir çalışan olarak ciddi ve kritik bir söylemde bulunmuştum. Kendi kariyerimle ilgili üstleneceğim riski aklıma getirmemiştim bile. Konuya son derece hakimdim. Kendime olan güvenim tamdı ve çekineceğim bir şey yoktu. İnanın birçok insan böyle bir ortamda Bakanlığın görüşlerine katılmadığını, gerekçelerin komisyona sunulan dosyada olduğunu alt tondan söylemekle yetinir, iddialı söylemde bulunmaktan kaçınırdı.

İlgili madde Plan Bütçe Komisyonunda hararetli tartış-malara neden oldu. İktidar ve muhalefet milletvekilleri arasında sert tartışmalar yaşandı. Tartışmalar sonunda tasarı onaylandı. Bugün hala Sigorta Sektörünün en önemli sıkıntısı sigortacılık tekniğine uymayan trafik sigorta uygulamalarıdır.

Kendinize güvenin ve özgüveninizi kendinizi geliştirerek sağlamlaştırın. Bilginiz ve değerlerinizle inandığınız düşünceden ve haklı olduğunuz konuda geri adım atmayın.

> *"Özgüven, büyük girişimlerin ilk şartıdır."*
> *Samuel Johnson, İngiliz Yazar*

> *"Yüreğinin ve beyninin ateşine güvenmeyenler, kalıcı başarılara imza atamazlar."*
> *Friedrich Nietzsche, Alman filozof-yazar*

5. DEĞERLER / DÜRÜSTLÜK

İnsanı insan yapan en önemli özelliklerden biri değerlerdir. İnandığımız ve içselleştirdiğimiz değerler bütünü kişiliğimizi şekillendirir, hayatımızı etkiler ve ona göre kararlar veririz. Değerler herkese göre değişir. Benim için çok önemli olan bir değer sizin için çok da önemli olmayabilir. Ben tüm çalışma hayatım boyunca değerlerimden taviz vermedim. İnanmadığım ve değerlerime ters düşen hiçbir konuyu kabul etmedim. Bunları konuştum, tartıştım, kendi düşüncelerimi ve doğru olduğuna inandığım fikirlerimi savundum ve ikna etmeye çalıştım.

Liderin sahip olduğu değerler takipçileri, çalışanları tarafından kabul edilir ve içselleştirilirse aynı vizyon ve hedefe odaklanma konusunda uyumlu ve başarılı bir ekip oluşur. Dürüstlük bu değerler arasında en önemlilerin başında gelir. Söylediğiniz ile yaptığınız tutarlı olmalı ve asla yapamayacağınız sözler vermemelisiniz.

Sabancı Holding'in rahmetli Yönetim Kurulu Başkanı Sakıp Sabancı çok renkli bir kişilik olduğu kadar çok başarılı bir sanayici ve iş adamıydı. Onun da söylediği bu söz edindiği tecrübelerin bu konuda ne kadar önemli olduğunu vurgu-luyor. "Fikirlerinizden ve değer yargılarınızdan fedakârlık etmeyin. Etmeyin ki önce aileniz ve yanınızda çalışanlar, sonra iş yaptıklarınız ve çevreniz size güvensin."

Değerler ve dürüstlük ile ilgili Koç Grubu Başkan Vekili Ali Koç'un yaptığı ve çok beğendiğim bir konuşmasından alıntıyı aşağıda paylaşıyorum.

"Ben nasıl insan sevdiğimi, nasıl insanla çalışmayı sevdiğimi söyleyeyim... Ben şahsen çok sadakati yüksek bir insanım. Bir şeye bağlanırsam, kendimi verirsem sonuna kadar arkasında duruyorum. Dolayısıyla o tarz insanla çalışmayı seviyorum. Ben adil olan insanlarla çalışmayı seviyorum. Hak yeme, yememe konusunda çok hassasım... İki türlü yönetici var. Biri koltuğunu korumak adına hayatını kurgulayan, patron en iyisini bilir diyen, paradigmaları değiştirmeyi düşünmeyen, bir artı varsa ekibine değil kendine alan, genel ortama uyan, toplantılarda fikir beyan etmeyen... Diğeri kendini ifade etmekten çekinmeyen, hata yapmaktan korkmayan, disiplinli, çalışkan, işini severek yapan... Ben şu tarz yönetici ile çalışmayı seviyorum. Kendi ilkeleri, kendi doğruları çerçevesinde kurumuna sonuna kadar bağlı, işini severek yapan ama ilkeleri, prensipleri, doğru inandık-larında sapma olduğunda sadece koltuğunu korumak adına kendi doğrularının tersini yapmayan ve kendine güvenip *sokakta ben nasıl olsa iş bulurum* diyen insanlarla çalışmayı ben daha çok tercih ediyorum.

Hoşlanmadığım bir diğer yönetici tarzı da altında kendinden daha zayıf insanlarla çalışan yönetici tipi. Daima kendinizden daha becerikli, daha yetenekli insanlarla çalışmaya, onların önünü açmaya çalışın. Demin dediğim gibi haklı olmak değil haklı kalmak önemli. Ve Rahmi Koç'un sık sık kullandığı bir cümle ile konuşmamı bitirmek isterim." ***Unutmayın ki yaydan çıkan ok, ağızdan çıkan söz, kaçırılmış bir fırsat, geçen zaman hiçbir zaman geri dönmüyor."***

Çalışma hayatımda sahip olduğum değerlere ters düşen ve kabul etmediğim noktada verimli ve uyumlu çalışamayacağım durumlarda bu gerçekleri belirterek düzeltme imkânı aradım. Bu imkânın olmayacağını gör-düğümde de kendime olan saygımı korumak adına görevimden istifa ederek ayrıldım. Bu konuya kendimden iki örnek verebilirim.

Ekim 2011... Bugünkü Cumhurbaşkanı ve dönemin Başbakanı'nın annesi vefat etmişti. T. Sigorta Şirketleri Birliği olarak sigorta sektörü adına gazetelere taziye mesajı verilmesi konusunda hızlı bir çalışma yapılması kararı alınmıştı. Ben de reklam ve halkla ilişkiler birimi yöneticimden bu konuda belirlenen bütçe dâhilinde bir çalışma yapmasını talep etmiştim. Takdir edersiniz ki bu çalışmanın ve daha sonra gazetelere taziye ilanı verme konusunun bir gün içinde yapılması ve bitirilmesi gerekiyor. Hazırlanan ilan içeriği ve hangi gazetelere hangi bütçe üzerinden ilan verileceği konusundaki detaylı çalışmayı yöneticimle gözden geçirdim. Objektif olacağı ve nelere dikkat edileceği konusunda kendisine güvenim tamdı.

Hazırlanan çalışmada gazeteler, tirajları, fiyatları yer alıyordu. Bu listenin Türkiye'deki siyasi ve inanç dünyasındaki hassasiyetlere göre belirli bir denge içinde olması gerekiyordu. Çünkü Sigorta Sektörünü temsil eden Birlik olarak her kesime eşit mesafede durmamız gereken konumumuz vardı. Benim genel sekreter olarak siyasi ya da inanç konusundaki tercihlerimin bende saklı kalması ve görevim gereği bunları hiçbir zaman polemik konusu haline getirmemem gerekiyordu. Hazırladığımız listeyi detayları ile mail yoluyla on bir kişiden oluşan Birlik Yönetim Kuruluna onay için gönderdim.

Gelen onayların ardından hızla aynı gün içinde gazeteler ile temas ederek ilanın ertesi gün yayınlanmasını sağladık. Birkaç gün sonra mütedeyyin sermaye grubuna ait sigorta şirketinin genel müdürü olan yönetim kurulu üyesinden bu konuyla ilgili eleştiri ve kısmen de suçlayıcı bir mail, bana, yönetim kurulu başkanı ve üyelerine gönderildi. Mailin ana fikri mütedeyyin kesimden olan ve tirajı yüksek olan bir gazeteye neden ilan verilmediği konusuydu. Ve benim bu kesime yönelik ayrımcı bir yaklaşım sergilediğim ve özellikle ilan verdirmediğim konusuna yönelik suçlayıcı tavır vardı.

Ben de cevabi mailimde ilan verilen gazetelerin bu dengeler gözetilerek yapıldığını, Yönetim Kurulu tarafından ilan ile ilgili verilen bütçe dahilinde en iyi dağılımı yaptığımızı gerekçeleri ile anlattım. En önemlisi şahsımı taraf tutarak ve belirli bir kesimi göz ardı ederek bu listeyi oluşturduğum konusundaki suçlamasını asla kabul etmediğimi ve Birliğin konumu ve temsil ettiğim makam gereği herkese eşit mesafede olduğum ve bu minvalde hareket ettiğime dair açıklama yazımı gönderdim. Ayrıca cevabımda bu konuyla ilgili çalışmayı Birlik Yönetim Kuruluna onay için gönderdiğimi ve onay alındıktan sonra çalışmanın gerçekleştiğini belirttim. Bir sonraki yönetim kurulu gündemine konuyu ekleyeceğimi de belirttim.

Her on beş günde bir yönetim kurulu toplantıları yapılır ve Genel Kurulda seçilen on bir şirketin genel müdürü, bir başkan ve on üye olmak üzere toplanılırdı. Gündemi, güncel olan konular ve önem düzeyine göre belirler ve önce yönetim kurulu başkanının onayını aldıktan sonra yönetim kuruluna ekleri ile birlikte gönderirdim. Bu konuyu da takip eden ilk yönetim kurulu toplantısına gündeminin ilk maddesi olarak koydum. Yönetim kurulu başladığında kendisinin son derece sinirli ve belirli bir hazırlık ile geldiğini gördüm. Her gündem maddesi ile ilgili konu özetlenir, konuyla ilgili yapılan çalışma ve gelişmeler hakkında bilgi vererek konu tartışmaya açılır ve alınan karar doğrultusunda çalışmalar devam ettirilirdi. Aynı şekilde konuyu özetledim ve yapılan yazışmadaki suçlayıcı tavrı aktararak bunu asla kabul etmediğimi, kişiliğime karşı bu tavrı saldırgan ve art niyetli bulduğumu açık, net ve kararlı şekilde ifade ettim. Konunun yönetim kurulu tarafından onaylandığını da ayrıca belirttim. Kendisi konuyla ilgili o kadar önyargılı ve taraftı ki bana suçlayıcı tavrını toplantıda da sürdürdü. Kendisine nezaket kuralları içinde ancak kendimden emin ve kararlı şekilde gerekli cevapları verdim. Birlik Yönetim Kurulu Başkanı başta olmak üzere tüm üyeler konuyla ilgili bana hak vererek destek oldular. Bu suçlamada bulunan üyenin ise ne durumda kaldığını tahmin edebilirsiniz.

Kitabın "Lider Tanımı" bölümünde yaşadığımız ülkedeki gerçekleri, dinamikleri göz ardı etmeden hareket edilmesi gerektiğini özellikle vurgulamıştım. Bana göre paylaştığım olay bu konuya da iyi bir örnektir diye düşünüyorum.

Diğer bir örnek de 2012 yılından... T. Sigorta Şirketleri Birliği Genel Sekreter görevindeyken yönetim kurulu başkanı ve üyelerinin seçim dönemi gelmişti. Birlik Genel Kurulunda yeni başkan ve üyeler seçilerek göreve başladılar. Birlik başkanı ve yönetim kurulu üyeleri ilgili şirketlerin genel müdürlerinden oluşuyordu. Yeni seçilen ve göreve başlayan Birlik Başkanı benden yaşça genç ve orta büyüklükte bir şirketin genel müdürüydü. Zaman içerisinde üzerimde kimi konularda baskı oluşturmaya başladığını, düşüncelerime, tecrübeme çok da saygı duymadığını hissetmeye başlamıştım. Aslında kendini kabul ettirmeye çalışıyordu.

Doğrudan bana bağlı olan Reklam ve Halkla İlişkiler Birim Müdürü ve yardımcısını görevlerini yeterince yapmadıkları savıyla işten çıkarmamı istedi. Birim müdürü olan çalışma arkadaşım Gamze Diler ile 6 yıldır Sigorta Şirketleri Birliğinde çalışıyordum ve bugüne kadar çok başarılı işler yapmıştı. Ayrıca sigorta sektöründe bu görevinden önce on yedi yıllık bir deneyimi vardı. Yardımcısı Özlem Ulubeyi ise Garanti Bankasında Muhabir İlişkiler Müdürüyken asistanım olarak benimle çalışmaya başlayan, genel müdür ve genel sekreterlik görevlerimde de asistanlığımı yapan çok yetenekli ve güvenilir on sekiz yıllık çalışma arkadaşımdı. Başarılı ve yetenekli olduğu için de reklam ve halkla ilişkiler birimine atanmıştı ve bu pozisyonda çalışmaya devam ediyordu. Her ikisinin performansından da bir şikâyetim olmadığı gibi bundan önceki başkanlar ile de hiçbir problem yaşamamıştım.

Bu aşamada bir konuya açıklık getirmem gerekiyor. Bir kurumda icranın başındaki kişi genel müdür ya da birlik gibi yerlerde genel sekreterdir. İcranın başı, yönetim kuruluna sunduğu bilanço, hedefler, strateji, yatırım gibi temel konularda yönetim kurulunun onayını aldıktan sonra icraatını yapar. Yönetim kurulu başkan ve üyelerine yönetim kurulu toplantılarında belirli periyotlarda şirketin durumu hakkında bilgi ve hesap verir, gerekli konuları onaya sunar. Üst yönetim dışında, yani yardımcıları dışında, personel ile ilgili tüm tasarruf icranın başındadır. İcranın başının yönetim kurulu ve özellikle yönetim kurulu başkanı ile uyumlu çalışması başarı için çok önemli bir konudur. Sonuç olarak yönetim kurulu başkanı ve icranın başının farklı sorumluluk alanları ve sınırları vardır. Eğer yönetim kurulu, genel müdür ya da genel sekreterin performansını beğenmez ise görevine son verir. Ancak yönetim kurulu başkanı ve üyelerinin icranın başının yetki ve sorumluluk alanlarına girme hakkı yoktur. O zaman kaos ve sıkıntı başlar.

Benim yaşadığım da tam olarak buydu. Yetki ve sorumluluğun bende olduğu bir alana Yönetim Kurulu Başkanı olarak müdahale ettiği gibi, düşüncelerime değer vermeyerek ekibimle ilgili tasarruf yapılmasını istiyordu. Buna karşı çıktım ve kabul etmedim.

Yönetsel anlamda ve sahip olduğum değerler açısından uzlaşmamız mümkün görünmüyordu. Aramızdaki sıkıntı sadece bu konu değildi. Beni rahatsız eden başka yönetsel konular da vardı. Son olay bardağı taşıran son damla oldu diyebilirim. Konuyu yıllardır tanıdığım ve güvendiğim yönetim kurulu başkan yardımcısına iletmeye ve ayrılma düşüncemi paylaşmaya karar verdim. Kendisi beni dinledi ve bir gün sonra yönetim kurulu başkanı ve üyelerini arayarak durumu anlatıp toplantı yapılmasını sağladı. Ve bana YK Üyeleri olarak Başkanın davranış ve tutumundan rahatsız olduklarını kendisine ilettiklerini, benimle genel sekreter olarak bir problem yaşamadıklarını ve çalışmaya devam etmek istediklerini ifade etti.

Buna karşın bana duyulan güvene ve çabalarına teşekkür ederek değerlerimle uyuşmayan bir yönetim anlayışı ile çalışamayacağımı belirterek görevden ayrılma kararımı yineledim. Haziran 2013 sonunda genel sekreterlik görevimden ayrıldım.

İnandığınız değerler ve kişiliğinizden taviz vermeniz isteniyorsa bunu yapmayın. Hiçbir şey kendinize olan saygınızdan kıymetli değildir. Başkalarının ne dediği umurunuzda olmasın. Sizi siz yapan değerlerden vazgeçmeyin ve kendinize inanın.

Değerler konusu koçluk çalışmalarında da önem verilmesi ve üstünde durulması gereken bir konudur. Koçluk yaparken, koçluk alan kişilerin koymuş olduğu hedeflerin, çalıştığı ortamın, kişinin değerlerine ne kadar uyumlu olduğunu sorgulamak çok önemlidir. Kişide bu farkındalığı yaratmak ve olası başarısızlık ve hayal kırıklığını önlemek koçluk yapan kişinin önemli görevlerinden biridir. Liderlik ve koçluk aslında iç içe geçmiş iki çok önemli niteliktir.

6. SIRA DIŞI DÜŞÜNMEK / YARATICILIK

Sıra dışı düşünmek yaratıcılığı tetikleyen bir yaklaşımdır. Bir işi herkesin yaptığı gibi yapmak farklılık yaratan bir yaklaşım olamaz. Bir sorun ile karşılaştığınızda mevcut düşünme ve iş yapma kalıplarının dışına çıkmanız ve çevrenizdeki insanları da bu şekilde düşünmeye yüreklendirmeniz sizi çok farklı sonuçlara götürür. Elbette olumlu anlamda. Daha önce işe yarayan fikir ve yaklaşımlar hızla gelişen dünyada bir süre sonra geçerliliğini yitirebiliyor. Bunun için yenilikleri takip etmek, araştırmak, güçlü bir ekip kurmak ve gerektiğinde konusunda uzman kişilerden danışmanlık almak başarı için kaçınılmazdır.

Sıra dışı düşünen lider başkalarının yaptığını kopyalamak yerine farklılaşmayı, yeni değerler yaratmayı ve bunları ekibiyle birlikte gerçekleştirmeyi hedefler. Geleneksel iş yapış biçimlerinin dışında devrimci yaklaşıma sahiptir. Yaptığı analiz ve çalışmalar sonucunda risk alır ve cesaretle uygulamaya girişir. Çalışanlarını, ekibini sıra dışı düşünmeye teşvik eder.

Güçlü lider dışardan gelen fikirlere açık, önyargısı olmayan, yeni fikirlere değer veren kişidir.

İş dünyasında Steve Jobs, Bill Gates, Mark Zuckerberg, Steve Ballmer gibi isimler sıra dışılıklarıyla ön plana çıkmış ve tüm dünyayı etkilemişlerdir.

Genel Müdür olarak Sigorta Şirketlerine atandığımda Akın Bey bana ana stratejinin banka sigortacılığı olacağını ve sigortacılık faaliyetlerini Garanti Bankası ile olan iş birliğini etkin kılarak yürüteceğimizi belirtti. Liderimden aldığım vizyon ve hedef buydu. O güne kadar üzerinde durulmayan ve yapılacağına inanılmayan bir konuydu. Sigortacılık ağırlıklı acenteler vasıtasıyla yapılan bir iş koluydu. Bankaların sigortacılık konusunda etkin olması pek akla gelmezdi. Sıra dışı düşünmek ve herkesten farklı bir yaklaşım ile iş yapma sistematiği geliştirmek böyle bir şeydi.

Öncelikle ekibimi bana verilen ve inandığım bu hedef doğrultusunda ikna etmem, stratejiyi ortaya koymam, hedefin ana hatlarını ekibimle paylaşarak görüşlerini almam ve her iki şirkette de insan kaynakları ve bilgi işlem alt yapısı başta olmak üzere geliştirilmesi gereken tüm konuları belirleyerek ilerlememiz gerekiyordu. Bunu yaptıktan sonra Banka Üst Yönetimi ile almam gereken destek ve yapılması gerekenler konusunda yoğun bir çaba harcamak mecburiyetindeydim. Bankadaki on bir yıla yakın çalışma hayatımda Üst Yönetim ve Banka Teşkilatı ile çok güzel bir ilişki yaratmış olduğumu bu süreçte bir kez daha gördüm. Ekibim ortaya konulan vizyon ve hedefin Banka Üst Yönetiminin ve sonrasında banka teşkilatının desteği olmadan yapılamayacağının farkındaydı. Sigortacılık sigorta acenteleri ile yapılan bir alandı. Bu dağıtım kanalının dışında etkin kullanılan bir kanal yoktu.

Liderleri olarak üst yönetim ve orta kademe yöneticilerle yaptığım toplantılar ve birebir görüşmelerde mentorluk ve koçluk yaparak onların hem kariyerleri hem de banka sigortacılığı konusunda farkındalıklarını ortaya koymak konusunda çaba gösterdim.

Her geçen gün genel müdür ve liderlerinden bekledikleri gelişmelerin bir gerçekleşmesi, banka ile her konuda hızla entegre olunması ve olumlu sonuçların görülmesi, ekibin bana olan güvenini, konulan vizyon ve hedefe odaklanmayı yükseltti. Görev yaptığım yıllar içinde banka sigortacılığı uygulamasını en etkin, verimli ve sonuç odaklı bir şekilde yürüten iki şirket yaratmıştık. Sigorta şirketlerinin Garanti Bankası ile yarattığı etkin sigortacılık sistemi sonucunda bankanın sigortacılık ve bireysel emeklilik ürününden elde ettiği gelirler kayda değer bir düzeye ulaşmıştı.

Bankanın ilk on stratejik ürünü arasına sigortayı aldırmayı başarmıştık. Banka, müşterilerine sigortacılık hizmet ve ürünlerini sigorta şirketlerinin satış ve destek ekiplerinden aldığı hizmet ve destek ile pazarlayarak hem bankadaki ürün yelpazesini genişletiyor hem de komisyon kazanıyordu.

Sigorta sektöründeki acentelerden, şirketlerin genel müdürü olarak sıkça eleştiri aldığımı belirtmeliyim. Sigorta acenteleri bankaların sigortacılık yapmamaları gerektiği konusunda katı bir tutum içindeydi. Başarılı olmuştuk. Garanti Sigorta'nın Eureko Sigorta Grubuna satılışında, şirketin, ekibimle birlikte, bankanın da desteğini alarak Türkiye'nin en etkin ve başarılı, uluslararası piyasada da banka sigortacılığı uygulamasında örnek gösterilen bir şirket haline gelmesinin önemli bir payı bulunduğunu düşünüyorum.

Sıra dışı olmak, Garanti Sigorta ve Garanti Emeklilik/Hayat Şirketlerini maliyet kontrolü altına alarak, karlı büyüyen şirketler haline getirmişti.

1999 yılı 17 Ağustos gecesi Marmara Depremi oldu. Genel müdür olalı daha bir sene olmamıştı. Türkiye'nin önemli bir bölgesinde ciddi mal ve can kayıpları olan bir deprem meydana gelmişti. Garanti Sigorta bilançosunu yeni yeni zarardan kurtarma yönünde attığımız adımların sonuçlarını almaya başladığımız bir dönemdi. Yakın Türkiye tahindeki hem ölen ve yaralanan insan sayısı açısından, hem de maddi ve ekonomik zarar açısından en büyük en yıkıcı depremdi. Benim için büyük bir tecrübeydi.

Mağdur olan müşterilerimizin yaralarını sarmak ve en kısa sürede destek olmak adına hızlı bir aksiyon aldık. Yönetim kadrosunu toplayarak kendileriyle yurt dışı reasürörlerimizden acilen avans isteyerek hasarı büyük olan sigortalılara avans ödemelerini yapma düşüncemi paylaştım. Tam hatırlamıyorum ama yaklaşık 20 Milyon

Dolar civarında bir avans geldi. Müşterilerimizden hasarı yüksek ve kesin olanlara hızlıca bu gelen avanstan, avans hasar ödemeleri yapmayı planladık. Ne boyutta hasar çıkacağını henüz bilmediğimiz hasarlara istinaden 1-2 Milyon Liralık çekler hazırlandı. Tek tek ziyaretler ile bu çekler hasar sahiplerine ödendiğinde yıkım üzerinden bir hafta ancak geçmişti. Sonraki yıllarda pek çok rakip, bu müşterilerimize poliçelerini düzenlemek için oldukça cazip imkânlar sundu. Ancak alınan hızlı aksiyon ve daha hasarın şok etkisi geçmeden yaptığımız avans ödemelerinden dolayı oluşan vefa duygusu ile hemen hiçbiri şirketimizi terk etmedi. Hatta bazılarının bugün ticari faaliyetlerini sürdürebiliyor olması da o hızlı karar ve ziyaretler ile yapılan avans ödemelerinden kaynaklanmıştır.

Sıra Dışı Düşünmek ve Yaratıcılık ile ilgili çok başarılı bulduğum başka bir örnek ise Yemek Sepeti. 2015 yılında Türkiye internet sektörünün en büyük satın alması ve ilk 1 Milyar TL üzerindeki satışı ile Delivery Hero, Yemek Sepeti'ni 589 milyon dolara satın aldı. Bu başarıda ekibin lideri Nevzat Aydın ve ekibinin başarılı performansı ve yenilikçi yaklaşımları çok önemli rol oynadı.

Eylül 2000'de Melih Ödemiş, Nevzat Aydın, Gökhan Akan ve Cem Nufusi Yemek Sepeti'ni kurmaya karar verdi ve 40 metrekarelik bir odada Yemek Sepeti Gıda ve Pazarlama Elektronik İletişim ve Tanıtım Limited Şirketi kurulmuş oldu. Amerika'dan yemek ısmarlama hizmeti veren siteleri gören girişimciler, bu işi farklı bir şekilde yapmak için iş ve eğitimlerini bırakarak kolları sıvadı. Nevzat Aydın'a göre bu model detaylı bakıldığında dünyada ilk kez uygulanıyordu.

Kasım 2000'de ise Yemeksepeti.com, kendisini 2004 yılına kadar taşıyacak olan 80 metrekarelik bir ofise geçti.2 Ocak2001 tarihinde Yemeksepeti.com açıldı. 26 restoranla işe başlayan Yemek Sepeti, interneti olmayan restoranlara da sipariş bilgisini faksla geçiyordu.

Her sipariş geldiğinde sistem telefon ziline benzer bir ses çıkarıyordu ve 5 kişilik ekip heyecanla bu sesi duymak istiyordu.

2001 yılından bugüne geçen süre içinde Yemek Sepeti Nevzat Aydın'ın liderliğinde müthiş bir gelişme ve büyüme gösterdi. Yemek Sepeti bugün 62 ilde, 10.000'nin üzerinde üye restoran ve aylık aldığı 3 milyon üzeri siparişle, milyonlarca kullanıcıya hizmet veriyor. Şirket, Türkiye'nin yanı sıra Birleşik Arap Emirlikleri, Katar, Umman, Lübnan, Ürdün, Suudi Arabistan ve Yunanistan olmak üzere 7 ülkede daha operasyonlarını sürdürüyor.

> *"Denenmiş yoldan gitme, yenilikten korkma ve kendi yolunu çiz."*
> *Alexander Graham Bell, Mucit*

> *"Biz beynimize ilham verici bir şey yolladığımızda, o da bedene enerji yollar. Bu, zaman savaşçısının asla unutmadığı bir biyoloji dersidir."*
> *Steve Chandler, Yazar*

> *"Zihinlerimiz eskimiş mobilyalarla dolu bir oda gibidir. Bu odaya yeni bir şeyler girmesi için eski bilgilerin ve düşüncelerin bir kısmının odanın dışına çıkarılması gerekir. Zihnimizin bir köşesinde boş bir yer açtığımızda yaratıcılık bu alanı hemen doldurur."*
> *Dee Hock, Visa Kart Sisteminin Kurucusu*

7. ETKİN İLETİŞİM / KALPLERE DOKUNMAK

Büyük düşünür Mevlâna'nın bir sözüyle başlamak istedim bu başlığa. Mevlâna der ki," Ne kadar bilirsen bil, söylediklerin karşıdakinin anladığı kadardır." İletişimin altın kuralı budur. Bir konuyu ne kadar detaylı bilirseniz bilin, sizi dinleyenlere anlaşılır şekilde aktaramadıktan sonra bildiklerinizin bir hükmü yoktur. Bir lider de vizyonunu, hedeflerini, beklentilerini açık, anlaşılır bir şekilde iletmeli ve ekibi tarafından anlaşıldığından emin olmalıdır.

Bu süreçte ekibin kendisi ile iletişim içinde kalması, karşılıklı sorular ve fikir paylaşımları sağlaması önemlidir. Etkin iletişimin bir diğer kuralı beden dilini kullanmayı ve etkin dinlemeyi bir arada gerçekleştirmektir.

Liderin amacı takipçilerini olabildiğince etkilemek ve kendine bağlamaktır. Bunun için liderin başarısı etkin iletişimden geçer. Dolayısıyla liderin yapması gereken ve olmazsa olmaz konulardan biri kalplere dokunmaktır. Güçlü bir lider ekibinin önce kalplerini kazanması gerektiğini bilir.

İnsanları harekete geçirebilmek için önce onların duygularını harekete geçirmeniz gerekir. Kalp akıldan önce gelir. Bağ kurarak etkili iletişimi başlatan kişi her zaman liderin kendisi olmalıdır. Bunu hiç unutmayın.

Bağ kurarak kalplerine ulaştığınız takipçileriniz, çalışanlarınızla aranızdaki ilişki ne denli güçlü olursa, onlar da lider olarak sizi izlemek için o denli istekli olacaklardır. Onlarla ne kadar ilgilendiğinizi görünceye kadar insanlar sizin ne bildiğinizle pek de ilgilenmezler.

Genel Müdür olduğum dönemde ekibimle samimi, açık, onların duygularına hitap ederek dürüst bir iletişim kurdum. Yapamayacağım hiçbir söz vermedim. Hatırlıyorum, genel müdür atandıktan sonraki ilk günlerdi. Şirketlerin genel müdürlük binasının en üst katında yemek salonu vardı. Herkes sıraya girip yemek alıyordu. Ben de bir öğlen ilk defa yemekhaneye gidip yemek yemek ve çalışanlar ile birlikte olmak istiyordum. Sıraya girdim ve karşılaştığım herkesle el sıkışıp gülümseyerek hatırlarını sordum. Bana en öne geçmemi söylediler. Ben de sıramı bekleyeceğimi söyleyerek yemeğimi sıram gelince aldım ve yemekhanede müsait bir yer bakınmaya başladım. Bugün Fiba Emeklilik Genel Müdürü olan ve o dönem uzman yardımcısı olarak çalışan sevgili Erol Öztürkoğlu bana başka bir odayı işaret ederek "Erhan Bey, genel müdür olarak siz bu odada yemek yiyebilirsiniz. Bu oda üst yönetim için yapıldı" dedi. Ben ilk defa duyduğum bu konuya şaşırdım ve odanın kapısını açarak çalışanları odaya yemek yemeleri için davet ettim. Ben de yemek-hane salonunda müsait bir masaya oturarak çalışanlar ile birlikte yemek yiyip bir taraftan sohbet ettim. Takip eden hafta sonu o oda yemekhaneye dahil edildi.

Ertesi gün asistanım bana öğle yemeğindeki yaklaşı-mımdan çalışanların çok etkilendiğini ve aralarında bunu konuştuklarını söylediğinde epey şaşırdım. Benim için normal bir davranıştı. Böyle de olması gerekiyordu. Bana bunun nedenini söylediklerinde şaşkınlığım bir kez daha artmıştı. Bir önceki genel müdür ve üst yönetimin çalışanlar ile yakın temas kurmadığını, ayrı odada yemeklerini yediklerini ve onlara ulaşmanın çok da kolay olmadığını bana söylediklerinde, bu davranışın insanlar üzerinde neden olumlu etki yarattığını anlamıştım. Aslında benim için normal bir davranış biçimiydi ve samimiydim.

Bulunduğum tüm görevlerde sorumluluğum altında bulunan ya da bulunmayan herkesle güler yüzle, ellerini güçlü ve samimiyetle sıkarak, göz teması kurarak ve hatırlarını içtenlikle sorarak iletişim kurdum. Çalışma arkadaşlarımın özel hayatlarında sıkıntıları olup olmadığını anlamaya ve destek olmaya gayret ettim. Çalıştıkları ofislerine giderek sohbetler yaptım. Ve bunları içselleştirip, duygularımla onlara yansıttım. İnanın insanlar sizin samimi olup olmadığınızı çok hızlı anlıyorlar. Kariyerleri ve bazen de kişisel hayatları ile ilgili yaptığınız performans görüşmeleri ya da sohbetlerde mentorluk, kimi zaman koçluk yaparak hayatlarına dokunuyor ve yeni pencereler açılmasına yardımcı oluyorsunuz. Bu o kadar güzel bir duygu yaratıyor ki başka hiçbir şey ile ölçmeniz mümkün değil.

Size önerim çalışanlarınızla samimi, açık, güler yüzlü, el sıkan, göz teması kuran, hatır soran ve onları anladığınızı beden dilinizi kullanarak da hissettiren bir içtenlikle ilişki kurun. Göreceksiniz bakın ne kadar olumlu değişimler olacak.

Bir lider çalışanları, takipçileri ile bağ kurduğunda bunun etkilerini organizasyonda görürsünüz. Çalışanlar arasında müthiş bir sadakat ve güçlü bir çalışma etiği oluşur. Liderin vizyonu takipçilerinin amacı haline dönüşür. Bunun olumlu etkisi kaçınılmazdır.

"O sizin için çalışıyor ve siz de onun için çalışıyorsunuz."
Japon Atasözü

"Bir kurum, ne kadar iyi dizayn edilirse edilsin, sadece oradaki çalışanları kadar iyi olabilir."
Dee Hock, Visa Kart Sisteminin Kurucusu

"Bir liderin başlıca fonksiyonu, ümitleri canlı tutmaktır."
John W. Gardner, Siyasetçi

8. POZİTİF OLMAK / SAMİMİYET / ALÇAKGÖNÜLLÜLÜK

Kitabın önceki bölümlerinde liderin ekibi, takipçileriyle samimi ve sıcak iletişim kurmasının öneminden bahsetmiştim. Burada biraz daha detaylı olarak konuyu irdeleyeceğiz. Size sorarak başlıyayım. Negatif tutum içinde ve samimi olmayan birinin hayatınızda olmasını ister miydiniz? Bu tür bir kişinin hayata bakışınızı, yaşam enerjinizi nasıl olumsuz etkileyeceğini, sizi nasıl aşağıya çekeceğini hayal edin. Düşüncesi bile insanı duraksatıyor. Sizi enerjisi ve pozitif tutumu ile her zaman yukarı doğru itecek, hedeflerinizi gerçekleştirmede destek olacak kişileri hayatınızda tutmaya özen gösterin.

Güçlü Liderin de yapması gereken budur. Her iyi liderin ekibine, takipçilerine pozitif tutum ve samimiyetle yaklaşması, onları başarısızlık durumunda da motive ederek yüreklendirmesi, cesaretlendirmesi gerekir.

Pozitif tutum, zorluk ve engellere rağmen genel olarak hayatta her şeyin iyi gideceğine dair güçlü bir beklenti ve inanç oluşturur. Yapabileceğinize inanırsanız yaparsınız. Pozitif tutumu benimseyen biri asla engel tanımayacaktır. Hayatınızla ilgili kendinize sorun. Karşılaştığınız zorluklar, sıkıntılar karşısında negatif tutum içinde olduğunuz zaman olumlu bir sonuç elde ediyor musunuz? Yanıt elbette hayır. Hayata her zaman pozitif ve olumlu bakmak sizi dinç ve ayakta tutar, hedefinize doğru gitmenizde yardımcı olur.

Lider sahip olduğu pozitif tutum ve yaklaşımı çalışanlarına samimi ve içtenlikle aktardığında harika bir ortam yaratılmış olur. Samimiyet, yakınlık, kalbinizde hissettik-lerinizi karşısındaki insana yansıtmak, dürüst, açık ve net olmak demektir. Göz teması, içten bir gülümseme, samimi bir tokalaşma ve beden diliniz pozitif yaklaşımınızla birleştiğinde mükemmel bir sonuç elde edersiniz. Ben pozitif tutumla, samimiyet ve alçak gönüllülük kavram-larını birbirinin tamamlayıcısı kabul ettiğim için bu konuyu birlikte ele almak istedim.

Bir lider her konuda iyi olamayacağını bilir, bilmediklerini ekibine sorar, danışır, hatalarını itiraf eder ve düzeltir. Öncelikle liderin kendiyle barışık olması, bunu pozitif yaklaşım ve samimiyetle ekibine, takipçilerine hissettir-mesi gerekir. Aslında tam burada şu saptamayı yapmakta fayda var.

Gerçek ve güçlü lider alçakgönüllü olan kişidir.

Çok beğendiğim ve hayatım boyunca yapmaya çaba gösterdiğim bir söz daha var, **"Büyüdükçe küçülmesini bileceksin."**

İnsan konumu ne olursa olsun ne kadar büyük başarılar elde eder, ne kadar şan-şöhret sahibi, zengin olursa olsun, bu konumundan elde ettiği gücü karşısındaki insanlara hissettirmemeli ve mütevazı olmayı bilmelidir... Bunu hayatımızda uygulamak tabii ki çok zor. Ne var ki tevazu, lideri güçlü, saygın, sevilen ve takip edilir kılan değer ve özelliklerin en önemlilerinden biridir.

İnsan hiçbir zaman kim olduğunu ve nereden geldiğini unutmamalı, her insanın bir değeri olduğuna saygı göstermeli ve herkesin hakları olduğunu bilmelidir. İnsan ne kadar yükselirse yükselsin ne kadar üst düzey görev sahibi olursa olsun, her zaman ulaşılabilir ve herkese açık olmalıdır.

Rahmetli Sakıp Sabancı samimi, pozitif ve alçak gönüllüğüyle kalplerde yer etmiş başarılı bir iş adamı ve liderdi. Kendisini şahsen tanıma fırsatım olmadı ama medyadan takip ettiğim ve kendisi ile ilgili yazılanları okuduğumda bu özelliklerinin farkına vardım. Söylediği şu söz ne kadar değerli: "Başarıyı yakalamak, başarıyı sürdürmek, başarıyı ileriye götürmek isteyenler ayaklarını yerden kesmemeye, uçmamaya özen gösterirler. Çünkü uçan hiçbir şey havada kalmaz."

Tevazu sahibi olmak demek, bir başarı elde edildiği zaman bu başarıya katkı veren insanları ihmal etmemek demektir. Tevazu sahibi olmak demek, insanın başarısında başka insanların katkıları kadar, şansın da etkisinin olduğunun bilincinde olmak ve bunu yüksek sesle ifade etmek demektir. Alçakgönüllü insanlar, yükseldikleri zaman daha nazik olurlar.

Tevazu sahibi olan insanlar, başarılı oldukları zaman tutum ve davranışlarını değiştirmezler. Başarının sarhoşluğuna kapılıp, kendi kişiliklerinin dışına çıkmazlar. Egolarına hâkim olurlar. İnsanın bir işte ulaştığı mertebe, elde ettiği makam, onun kişiliğini belirleyen bir özellik değildir.

Bir düşünün sürekli kendinden bahseden, başkalarına üstten bakan, ne kadar önemli biri olduğunu ispatlamaya çalışan ve elde ettiği gücü sadece kendi çıkarına kullanan insanlar ile birlikte olduğunuzu... Bunları çevremizde bolca gördüğümüzü söyleyebilirim. Bir de bu özelliklere sahip bir *lider* olduğunu düşünün. Zaten o kişi gerçek bir lider asla olamaz ve insanlar onu takip etmez.

Pozitif, samimi ve yakın olmak, yani olduğunuz gibi görünmek ve davranmak her zaman kazandırır. Bana hep kazandırdı. Tüm çalışma hayatım boyunca beraber çalıştığım çalışma arkadaşlarıma ve ekibime karşı her zaman pozitif tutum içinde oldum. Hedefe doğru giderken hatalar yapıldığında onlara cesaret verdim. Hata yapmadan tecrübe elde edemezsiniz. Mühim olan yapılan hataların tekrarlanmaması için önlemler almak ve nedenlerini araştırmaktır. Bu yaklaşım liderin ekibiyle arasındaki samimiyeti, güveni ve bağı güçlendirecektir.

"Ben hayatımın hiçbir anında karamsarlık nedir tanımadım."
M. Kemal Atatürk

"En değerli kişiler alçakgönüllü olanlardır."
Albert Einstein, Bilim İnsanı
Çiçeği küçümseyen, Tanrıyı da küçümser.
A. Dumas, Yazar

"En iyi liderler, iş bittiğinde insanların bu işi biz başardık diyebilmelerini sağlayan kişidir."
Lao Tzu, Filozof

9. MOTİVASYON / TUTKU

Hemen her etkin liderin taşıdığı bir özellik varsa, o da motivasyon ve tutkusudur. Liderler kendilerinin ve başka herkesin beklentilerinin ötesinde başarılı olma güdüsüyle hareket ederler. Burada kilit sözcük başarmaktır.

Birçok insan dolgun maaş, etkileyici bir unvan kazanmak ya da prestijli bir şirkette yer almanın getireceği statü gibi dışsal faktörlerle motive olur. Buna karşılık liderlik potansiyeline sahip olanları motive eden olgu ise yüksek dozdaki başarma arzusudur. Bunun için hedefe ulaşma tutkusu tetikleyici unsurdur. Bu tür insanlar yaratıcıdır, öğrenmeye açıktır. İşleri daha iyiye götürme yönünde bitmek bilmeyen bir enerji ile çalışırlar.

Tutku ile yapılan işlerde başarısızlık imkânsız gibidir. Tutkulu lider, koyduğu vizyon ve hedefe iç dünyasında büyük bir yer ve değer verir. Motivasyon ve tutku ile yoğun ve güçlü duygulara sahip lider, bunu çalışanlarına hissettirir ve aktarır. Liderin bu duygular ile attığı her adım ve yaptığı eylemler, etkileşimde bulunduğu insanların kalplerine dokunarak onların verimliliği ve performansının artmasına neden olur.

Lider tutkusu ile ekibine heyecan kazandırır ve onları motive eder.

Bulunduğum her görevi motivasyon ve tutku ile yerine getirdim. Bir profesyonel olarak bana verilen görevin sorumluluğunun bilinciyle üstlendiğim işte kendi şirketim, kendi yatırımımmış gibi işimi sahiplenerek çalıştım. Bu duyguyu, ekibime yansıttığım zaman onların da motivasyonlarının arttığını ve tutku ile çalıştıklarını gözlemledim. Bunun için ise sadece etkin iletişimde bulunarak kalplerine, duygularına dokundum. Onlarla samimi ve içten bir bağ kurdum. Onların çıkarlarını ve çalışma koşullarını her zaman ön planda tuttum.

Siz tek başınıza hiçbir zaman yeterli değilsiniz. Koyduğunuz vizyon ve hedef doğrultusunda lider olarak motivasyon ve tutkunuzu paylaşan bir ekip de yarattığınızda başarı kaçınılmazdır.

Güncel hayatımızdan buna örnek olarak yine Elon Musk'ı verebilirim. Büyük bir tutkuyla vizyonunu gerçekleştirmek için çalışıyor ve ekibini oluşturuyor. Dünyanın ekolojik dengesini korumak ve geleceğe güzel bir dünya bırakmak için otomotiv sektöründe TESLA markası altında piyasaya sürdüğü iki yeni ürünü var. Bir tanesi elektrik gücü ile çalışan TIR-Kamyon. 0-100 kilometreye 5 saniyede ulaşıyor. 1 şarj ile tam yük 800 km gidebiliyor. 30 dakika şarj ile 640 kilometre yol kat ediyor. 1.000.000 mil garanti veriyor. Bu müthiş performansının yanında estetik açıdan da son derece aykırı ve fark yaratan bir ürün.

Diğer ürünü ise Roadster spor araba... Yine elektrik gücüyle 100 kilometreye, 1,9 saniyede ulaşıyor. 3 elektrik motoruna sahip. 1 şarj ile 1000 km yol gidebiliyor. Kasım 2017 verilerine göre yeryüzündeki en hızlı araç... Ne kadar müthiş sonuçlar ve ürünler... Hem çevre dostu hem de en yüksek performans ile üretilen araçlar. Bunlar yüksek motivasyon ve büyük bir tutkuyla başarılabilecek işler. Bu müthiş sonuçlar, Lider olarak Elon Musk'ın bu tutkusu ve bu tutkusuna inanan bir ekip kurması ile sağlanıyor.

Yıl 1989... Garanti Bankası'nda henüz bir yıldır uzman yardımcısı olarak çalışıyorum. Bir gün o dönem banka Genel Müdürü olan İbrahim Betil ve bağlı olduğum Genel Müdür Yardımcısı Akın Öngör beni toplantıya çağırdılar. Pozisyon olarak en alt seviyede çalışan biriydim ve bankanın genel müdür ve genel müdür yardımcısının bu toplantı isteği beni heyecanlandırmıştı. Toplantıda bana bankanın ihracat ve ithalat faktoring işlemleri yapması için uluslararası bir kuruluş olan Factors Chain International'a (FCI) üye olduğunu ve İktisat Bankası'nın da bu kuruluşa üye olarak faktoring işlemlerine başladığını söylediler. Piyasanın İktisat Bankası tekeline bırakılamayacağını, bu nedenle bankada ithalat/ihracat faktoring işlemlerini uygulamaya başlayacağımızı ve bunun için bankada beni görevlendirdiklerini tebliğ ettiler. Bu konuyu ilk defa duyan biri olarak konunun ne olduğunu anlamaya ve kavramaya çalıştığımı hatırlıyorum. Konuyla ilgili hiçbir bilgim olmadığı söylediğimde FCI kuruluşundan yabancı eğitimcinin gelerek eğitim vereceğini söylediler.

Bana duydukları güven için teşekkür ettim ve elimden geleni yapacağımı söyledim. FCI kuruluşundan gelen Hollandalı eğitimciden 15 gün süren bir eğitim alarak ve bu çalışmalarda bana yardımcı olacak bir banka çalışanının verilmesi ile 1 yıl süreyle Garanti Bankası'nda hiç bilinmeyen ve desteklenmeyen bir konuyu şubeler bazında ziyaretler gerçekleştirerek faktoring işlemlerini arttırmaya çalıştım. Çok zorluk ve sıkıntı çektiğimi söylemeliyim. Bankanın klasik bankacı profilinin ağır bas-tığı, henüz yeniliklere ve yeni ürünlere hazır olmadığı bir döneminde finans sektöründe aşina olunmayan bir ürünü pazarlamaya çalışıyordum. Hem de uzman yardımcısı olarak... Bu görevim sırasında Pazarlama bölümünden Muhabir İlişkiler Bölümüne geçtim. Çünkü yurt dışındaki finans kuruluşları ile bu birimdeki teleks ile yazışmalar yapılıyordu. Birçok ülkede FCI üyesi olan faktoring şirketleri ile yazışmalar teleks ile yapılmak zorundaydı. Bugün teknolojinin geldiği noktayı dikkate aldığımızda genç çalışan arkadaşlarımızın ve belirli bir yaşın altında olanların teleks nedir diye sorduklarını hissedebiliyorum.

Genel Müdürlükte, bölgelerde ve şubelerde ithalat/ihracat faktoringi konusunu anlatmaya yılmadan devam ediyordum. Faktoring, firmaların 90 gün vadeli yaptıkları ihracatları için iş yaptıkları ya da yapacakları firmalar hakkında ilgili ülkelerdeki FCI Üyesi faktoring kuruluş-larının o firmalar ile ilgili verecekleri kredi limitleri dâhilinde, alacaklarını garanti altına alan bir sistemdi. Ya da tam tersi yabancı faktoring şirketlerine müşterilerinin Türkiye'ye yapacakları ihracatları için Garanti olarak ithalatçı Türk firmalarına verdiğimiz kredi limitleri ve garanti idi. Bugün de aynı şekilde sistem işlemeye ediyorken, ayrıca yurt içinde de 90 gün vadeli yapılan satışlara yönelik de faktoring uygulaması yapılabiliyor. O dönemki uygulamaların günümüzdeki sistemle en önemli farkı faktoring konusunda o dönem henüz hiçbir mevzuatın olmayışıydı.

Büyük bir gayretle bankada 1 yıl içinde 40 Milyon Dolar tutarında bir faktoring hacmi yaratılmasını sağlamıştık. O döneme göre hiç de fena bir hacim değildi. Bana verilen bu sorumluluğu ve duyulan güveni boşa çıkarmamak adına banka içinde karşıma çıkan engelleri ve ilgisizliği kurduğum ilişkiler, konuyu bıkmadan anlatmam ve hem müşteriler için sağladığı yararları hem de şubelerin kazanacağı komisyon ile ilgili verdiğim bilgiler başarılı sonucu getirmişti. 1 yıl sonra Garanti Bankası, İktisat Bankası, Türk Eximbank gibi kuruluşların ortak olduğu Aktif Finans Faktoring kuruldu. Ben de 8 ay süreyle bu kuruluşta Garanti Bankası'nı temsilen kredi komitesinde görev yaptım.

Size duyulan güven ve verilen sorumluluk için elinizden gelenin en iyisini yapın ve yılmayın. Çalıştığınız işi kendi işiniz ve iş yeriniz olarak sahiplenirseniz ve iş ahlakı, motivasyon ve tutku ile çalışırsanız mutlaka başarıya ulaşır ve kişisel gelişiminizde çok önemli tecrübeler, büyük kazanımlar elde edersiniz.

Liderliğin temel özelliklerinden biri de vizyon ve hedefinize ulaşmaktan asla vazgeçmemektir.

> *"Neyin hakkından gelinmez, kafa istekle birleşir birleşmez."*
> *La Fontaine*

> *"Şunu kati şekilde söylemeliyiz ki dünyada hiçbir şey tutkusuz başarılamamıştır."*
> *George Willhem Friedrich Hegel, Filozof*

> *"Kendimizi sefil de kılabiliriz, güçlü de. Ve her ikisi için de harcanan çaba eşittir".*
> *Carlos Castaneda, Antropolog, Yazar*

10. ADALETLİ OLMAK

Adil olmak hayatımızın her alanında uygulamamız gereken bir konudur. Adaletin olmadığı, adil davranışların sergilen-mediği bir yerde huzursuzluk ve karışıklık hakim olur. Bu ortamda başarıdan bahsetmek mümkün değildir.

İşini iyi yapan, performansı yüksek, dürüst, bilgili, insan olmanın değerlerine sahip kişilerle bu özelliklere sahip olmayan ya da zafiyet gösteren kişilere karşı adil davranmak, bir liderin uyması gereken en önemli kurallardan biridir. Hak eden kişiye göre, yani liyakate dayalı davranmak ve karar vermek huzur, istikrar ve başarı için vazgeçilmezdir.

Güçlü lider, sorunlara ve sorunlar ile ilgili muhataplara önyargı ile yaklaşmaz. Konuyla ilgili tarafları dinler, muhakeme eder ve adil bir çözüm bulur. Bunun aksi uygulanır ve adil bir yaklaşımla çözüm bulunmaz ise çalışanların, takipçilerin liderlerine yönelik güven ve inançları sarsılır ve yok olur. Bu da başarısızlığı getirir.

Adalet kavramı, hepimizin arzuladığı, vicdanların sükûnet bulduğu ve haklının hakkına kavuşarak razı olduğu bir ortamı akla getirir. Bununla birlikte, motive olduğu ve teşekkür ettiği, elbette hatalı ve eksik olanların da aynı şekilde kendini düzeltmek ve doğruyu bulmak için bir şans yakaladığı ideal bir ortamı da hatırlatır. Adil insanlar, hak ve hukuka sözde değil özde önem veren, doğru olandan ayrılmayan ve tabii geceleri rahat uyuyabilen kişilerdir.

Hak ve hukuku özümseyememiş, vicdanlarına kulak vermeyen, içgüdüleriyle hareket eden insanlar ise, çevrelerindeki diğer insanlar tarafından sadece adaletsiz değil, beceriksiz ve yetersiz olarak da etiketlenme riskini taşıyabilirler. Adil davranamıyorsak, korkularımız ve endişelerimiz var demektir. Eksik, kötü ve sorgulanmamış hatalı görenekler ve adetler içerisine sıkışmış olarak davranıyoruzdur. Kısa vadeli ve sadece kendimiz odaklı düşünüyoruz demektir. İşte böylesine kötü niteliklerin birkaçı bir araya gelince adil davranamayan, sadece kendisini düşünen, kısa vadeli menfaatlerle yetinen bir yapı ortaya çıkabilmektedir.

Çalışanların liderinden beklentisi, "Liderim adil davransın ve adaletsizlik yapmasın" yaklaşımıdır. Bir liderin adil olması, arzulanan, motive edici ve geliştirici bir durumdur.

Sabancı Holding'in rahmetli Yönetim Kurulu Başkanı olan Sakıp Sabancı'nın bu konuyla ilgili güzel sözünü sizinle paylaşmak istiyorum, "Terfi, ödüllendirme ve cezalandır-ma, başarıya yol açar. Adil olun. Her işte, her konuda, her fırsatta ve herkese karşı adil olun. İyiyi yüreklendirin, alkış verin. Kötüyü ayıplayın, ceza verin."

Zaaflarımızı görebilmemiz gerekir.

Adil olabilmemiz için, zaaflarımızı ve engellerimizi görmemiz, kendimizi aşmamız ve bunların üstesinden gelebilmemiz ilk koşuldur. Zira her ne sebepten kaynaklanırsa kaynaklansın bencil yapı adil davranmayı engelleyebilmekte, lider olarak takdir edebilme konusunda eksiklikler yaratabilmektedir. Hep ön planda olmak isteyen doymak bilmez bir benlik sahibiysek, adaleti sadece kendimiz için arayan gülünç biri durumuna dahi düşebiliriz. Başkalarının şöyle ya da böyle değerlendiril-mesi de hak ettiklerini elde ediyor ya da edemiyor olmaları da, küçük dünyamızda bizi fazlaca etkilemez. Üstelik çoğu egoist gibi, kısa vadeli düşünüyoruzdur.

Haklı haksız gözetmeden sadece kendini düşünen lider, kim olursa olsun, yetiştirip yönlendirdiği kişilerin daha iyi olmalarını değil, kısa vadede günü kurtarmayı, o an için başının dinç olmasını istiyordur.

Kötü insan durumuna düşmemek için birilerine eşit davranmak da iyiyi kötüden ayırt edememek de adil olma-makla sonuçlanır. Fazlaca araştırıp soruşturma yapmadan, kafa yormadan o an için yakaladığın birisinden haklı ya da haksız hesap sormak da adil bir davranış değildir. Günü kurtarmak ve o an için kendi benliğini tatmin etmektir. Kızgınlıkla yakaladığı birine haklı haksız bakmadan ceza vermek de sıradanlıktır, adaletsizliktir ve liderlik değildir. Gelişimi yavaşlatır, hatta durdurur.

Adil insanlar da hak etmedikleri halde hakları olduğunu zanneden insanlar tarafından adaletsiz olarak değerlendi-rilebilirler. Adalet duygusu olmayan ya da bu duygusu tam gelişmemiş kişiler, adil davranarak ve hak edene hak ettiklerini vererek neler kazanacağını düşünmemiştir.

Bencil, adaleti sadece kendisi için arayan, eşit davranmayı adalet zanneden, alışkanlıklarını sorgulamayan, kolaycı ve günü kurtarmakla yetinen, endişeler ile yaşayan, korkak ve adaletin önemini kavramamış bir insan adil bir yönlendirici ve yönetici olamaz, lider kabul edilmez, örnek olamaz.

> *"İyi olmak kolaydır. Zor olan adil olmaktır. En mükemmel adalet ise vicdandır."*
> *Victor Hugo, Fransız Yazar*

> *"Adaletin olmadığı yerde ahlaktan bahsedilemez."*
> *Montaigne, Fransız Yazar*

> *"Tam ortada durmak adil olmak değildir. Adalet bazen taraf olmayı gerektirir."*
> *Mehmet Anıl, Yazar*

BÖLÜM III

PROFESYONEL ÖZELLİKLER

11. GÜÇLÜ EKİP KURMAK

Güçlü bir liderin koyduğu vizyon ve hedeflere ulaşması için en başta yapması gereken şey güçlü ve iyi bir ekip kurmaktır. Oluşturduğu ekip içinden yeni liderler yetiştirmesi sürdürülebilir başarının anahtarıdır. Ortak çıkarlar, değerler üzerine kurulan bir ekip düzgün çalışan çarklar gibidir ve bu sistem çalıştığı ölçüde varlığını sürdürür, gelişir ve katlanarak büyür.

Yazar Peter Drucker'ın dediği gibi, "Çalışanları güçlü ve etkili olduğu için acı çeken hiçbir işletmeci yoktur." Lider her kademede çalışan personelinin fikirlerine açık olmalı, dinlemeli ve değerlendirmelidir. Kişi ekibin bir parçası olduğunu, kendi görüşlerine değer verildiğini, liderinin eleştiriye açık olduğunu hissetmeli ve yaşamalıdır.

1800'lü yıllarda yaşamış ve Amerikan Çelik Endüstrisinin en büyük şirketine sahip iş adamı Andrew Carnegie şöyle demiş: "Mezar taşıma şunun yazılmasını isterim: Burada, birlikte çalışmak için yanına kendisinden daha çok bilen insanları alacak kadar bilge bir adam yatmaktadır."

"İyi eleman seç, iyi para ver. Çünkü kötü eleman sana daha pahalıya mal olur." Ülkemiz ekonomisinde çok önemli bir yere sahip olan Koç Grubu'nu kuran ve yaratan rahmetli Vehbi Koç'un söylediği bu söz çok anlamlı ve doğru. Kaliteli, bilgili, çalışkan ve katkı sağlayacak güçlü kişiler ile çalışmak bir şirketin gelişmesinde çok büyük katkılar sağlar.

Ekibine iyi çalışma olanakları ve şartları sağlamak bir liderin gerçekleştirmesi gereken en önemli öncelik-lerindendir.

Güçlü lider ekibine yetki ve inisiyatif verip yaptıklarını kontrol eder, günlük işler ile uğraşmaz. Şöyle bir tanım-lama yapabiliriz. Lider ormandaki ağaçlar ile tek tek uğraşırsa bütünü gözden kaçırır ve sistemdeki tıkanık-lıkları, sıkıntıları ve ekip içerisindeki uyumsuzluğu göre-mez, farkına varamaz. Lider, orman yangın kulesindeki gözcü gibi tüm şirketi dışardan bakarak gözlemlemeli ve bütünü görmelidir.

İyi bir lider ekibinde her kademede uyumlu çalışmayı teşvik eder ve bunun yerleşmesini sağlar. Güçlü lider bir şey kötü gidiyorsa sorumluluğu üstlenir. Eğer gerçekten bir şey iyi gidiyorsa ve başarı varsa bunu ekibine mal eder. Yüksek motivasyon, takdir edilmek, düşüncelerin serbest-çe söylenmesi, ekibin liderine ve koyduğu hedeflere bağlılığını arttırır. Ekipte bulunanların liyakate dayalı ödüllendirme olduğunu ve çıkarlarının korunduğunu hissetmeleri, ekibin yüksek motivasyon ile çalışmasına neden olur. Güçlü lider bu ortamı yaratan kişidir.

Lider ekibine mentorluk ve koçluk yaparak onların gelişimine katkıda bulunur. Yol gösterir.

Ben de çalışma yaşamım boyunca tüm öğrendiklerimi, gözlem ve tecrübelerimi genel müdür ve genel sekreterlik görevlerinde hayata geçirdim ve uyguladım. Genel Müdür olduğum dönemde mevcut ekibi bilgili, yetenekli, karakterli, güvenilir çalışanlar ile ihtiyaç duyulan her kademede destekledim. Vizyonumu ve hedeflerimi çok açık ve net paylaştım. Uyumlu ve pozitif yaklaşımın hakim olduğu bir çalışma ortamı yaratma konusunda ekibimle sık sık görüşerek, onların çalışma ortamlarını ziyaret edip sohbet ederek, onlara dokunarak ve samimi iletişim kura-rak karşılıklı güven duygusunu aşıladığımı söyleyebilirim.

Yaptığım toplantılarda ekibime güvendiğimi vurgular, ben dahil şirket ile ilgili eleştirilerini dile getirmekten kaçınmamaları konusunda onları cesaretlendirirdim. Bu çok güzel bir paylaşım ortamı ve samimiyet yaratıyordu. Bazı toplantıları ilgili genel müdür yardımcısı olmadan düzenler, bağlı birimler ile toplantılar yaparak serbestçe konuşmalarını sağlar, onları şirketin stratejisi ve uygulamaları ile ilgili eleştiri ve önerilerini söylemeleri konusunda teşvik ederdim. Bu yaklaşımdan çok faydalı sonuçlar elde ettim.

Özellikle genel müdür olduğum süreçte ekibime çizdiğim vizyon ve hedefler doğrultusunda onları ikna ederek, fikirlerini alarak, güven duyduğumu her fırsatta hissettirerek, açık ve samimi yaklaşımla çok kısa süre içinde başarılı sonuçlar almaya başlamıştık.

Akın Öngör, bankanın genel müdürü olmasının yanında sigorta şirketlerinin yönetim kurulu başkanı olarak görevi 1998 yılı içinde yeni devralmıştı. Kendisinin talimatıyla bankanın teftiş kurulunun her iki şirket için yaptığı denetimden sonra Doğuş Grubu Başkanı Rahmetli Ayhan Şahenk ve İcra Kurulu Üyelerine denetim raporu sunulmuştu. Ayhan Bey sigorta sektöründeki en iyi genel müdürlerden birini transfer edelim dediğinde Akın Bey, bana daha sonra söylediğine göre, banka üst yönetimi olarak beni önermiş ve kabul ettirmişti. Akın Bey, kariyerimde bankanın üst yönetiminde genel müdür Yardımcısı olarak görev yapma beklentimden haberdardı. Bunun için Garanti Bank Moskova Genel Müdürlüğünü kabul etmediğimde kurumsal krediler müdürlüğüne talip olduğumu ve nedenini biliyordu. Beni izliyordu. Performansım ve kişiliğim ile ilgili her türlü bilgiye hakimdi. Bana güvenerek ve bana hiç sormadan beni Doğuş Grubu icra kurulunda Sigorta Şirketlerinin Genel Müdürü olarak önermişti. Adayı bendim. Bu görevin altından başarıyla kalkabileceğime inancı tamdı.

Hiçbir fikrim ve tecrübem olmadığı bir alanda genel müdür yardımcılığı dahi deneyimi yaşamadan, iki şirkete birden genel müdür olarak atanmıştım. Bunu hak etmem ve maalesef bilanço ve finansal açıdan nerdeyse batık iki şirketi yeniden yapılandırmam ve beklentilere cevap vermem gerekiyordu.

Tekrar atanma sürecine dönelim. Rahmetli Ayhan Şahenk ve İcra Kuruluna yapılan denetim raporu sunumu Eylül ya da Ekim 1998'de yapılmıştı. Tam tarihi hatırlamasam da bir Çarşamba günü olduğunu gayet iyi hatırlıyorum. Aynı gün öğleden sonra kurumsal krediler müdürü olarak bağlı bulunduğum Genel Müdür Yardımcısı sevgili Leyla Etker beni arayarak Akın Bey'in toplantıya beklediğini söyledi. Hazırlık yapmam için konunun ne olduğunu sorduğumda bana sigorta şirketlerine genel müdür olarak atandığımı tebliğ edeceğini ifade etti. Çok şaşırmış ve bir o kadar da heyecanlanmıştım.

Akın Bey'in odasına girdiğimde her zaman olduğu gibi beni samimi bir şekilde karşıladı ve konuyu özetledi ve toplantıda çıkan kararı tebliğ ederek Sigorta Şirketlerine Genel Müdür olarak atandığımı bildirdi. Kendisine bu göreve atanmamdan dolayı büyük bir onur duyduğumu, ancak sigortacılık ile ilgili bir bilgim olmadığını ifade ettim. Kendisi bankanın Genel Müdürü ve Sigorta Şirketlerinin Yönetim Kurulu Başkanı olarak, Grup ve Banka Üst Yönetiminin de onayını alarak şahsıma olan güvenini ve beklentilerini çok açık bir şekilde dile getirdi. Bulunduğum görevler dolayısıyla performansımdan memnun olduğunu, banka teşkilatını iyi tanıdığımı vurgulayarak banka sigortacılığını ve sigorta şirketleri ile Garanti Bankası arasındaki iş ilişkisini geliştirmek için en uygun aday olduğumu gururumu okşayarak söyledi. Yeni görevim ile ilgili her türlü desteği sağlayacağının da altını çizdi.

Masasında duran iki kalın denetim raporu dosyasını almamı ve dersime çalışmaya başlamamı ifade etti. Kendisine bana duyduğu güven ve verdiği bu sorumluluk için teşekkür ettim ve buna layık olmak için elimden gelenin en iyisini yapacağımı belirttim.

Garanti Sigorta ve Garanti Hayat Şirketine Aralık 1998'de genel müdür olarak başladım. Bu atama Garanti Bankası'na bağlı iştirak şirketlerine bankadan yapılan ilk atamaydı. Bu açıdan da benim için çok önemliydi. Başarılı olmam ve bunu kanıtlamam gerekiyordu. Akın Bey lider olarak beni izlemiş, beklentilerimi bilerek en uygun zamanda, hazır olduğuma inanarak ve güvenerek, dahası kendisi de risk alarak genel müdür olmam konusunda grubun İcra Komitesini ikna etmişti.

Liderin ekibine güvenmesi ve yarattığı ruh ile kendisine güvenilmesini sağlayarak karar almasına güzel bir örnektir diye düşünüyorum. Akın Bey ve Garanti Bankası Üst Yönetiminden aldığım destekle her iki şirketin de yeniden yapılanması ve etkin sigorta şirketleri arasına girmesinde ekibimle çok önemli işler yaptık ve başarılı olduk. Bankanın iştiraklerine bankadan genel müdür atamalarının yolu benimle ilgili aşının tutması ve sonucun başarılı olması ile açılmıştı.

Bir başka örnek de genel müdür olduğum döneme ait. Garanti Sigorta'yı yapılandırma süreci içinde Teknikten Sorumlu Genel Müdür Yardımcısı olarak Buket Eseryel ile kadromuzu güçlendirmiştik. Kendisi ailesi ile Kanada'ya yerleşmeye karar verince bu görevi üstlenecek konusunda uzman ve ekiple uyum sağlayacak deneyimli ve güvenilir bir aday arayışına girdim. O dönem Başak Sigorta' da Teknik Birim Müdürü olarak çalışan sevgili Ali Akşener ile temas kurarak birkaç kez birebir görüşmeler yaptım. Düşüncelerimi, ne yapmak istediğimi, stratejimi, hedefimi ve ondan beklentilerimi çok açıklıkla konuştum. Kendisinin Başak Sigorta'da uzun yıllara dayanan emeği vardı. Karar vermesi ve yeniden yapılanan bir şirkette görev alarak risk alma konusunda çekinceleri olduğunu hissettim. Acente ağırlıklı çalışan bir şirketten banka sigortacılığı ağırlıklı iş modeli olan bir şirkete geçiş onda bazı çekincelerin oluşmasına sebep oluyor ve karar vermesine etki ediyordu. Yaptığımız görüşmelerde beni tanımıştı. Şirket ile ilgili vizyon ve hedefleri anlamasını sağlayarak onu ikna etmeyi başarmış, Teknikten Sorumlu Genel Müdür Yardımcılığı görevini kabul etmesini sağlamıştım.

Birlikte sevgi, saygı, güven, bilgi ve uyuma dayanan çok güzel bir çalışma ortamı yarattık ve çok başarılı işler yaptık.

Lider, güçlü ekip kuran ve bu ekipten yeni liderler yetiştirendir.

> *"Bir mum, diğer mumu tutuşturmakla ışığından bir şey kaybetmez."*
> *Mevlâna*

> *"Büyük işler, önemli atılımlar ancak birlikte çalışma ile elde edilir."*
> *M. Kemal Atatürk*

> *"Sahte usta seni onu izlemeye, onu taklit etmeye, kendisinin karbon kopyası olmaya ikna eder. Gerçek usta senin bir karbon kopyası olmana izin vermeyecektir, o senin orijinal olmanı ister. O seni seviyor!"*
> *Osho, Hint Düşünür, Mistik*

12. HEDEFLERLE ÇALIŞMAK / ZAMANLAMA / ZAMAN YÖNETİMİ

Bir liderin vizyonunu, hayalini gerçekleştirmek için bir yol haritası çizmesi ve bunu zamana yayarak ekibine, takipçilerine anlaşılır şekilde açık ve net anlatması, paylaşması gerekir. Bu yol haritasında varılmak istenen noktaya ulaşmak için yapılacakların, yani hedeflerin adım adım, zamana bağlı olarak belirlenmesi beraberinde de bu hedeflerin somut ve elbette ölçülebilir olması, başarı için önemli noktalardır.

Lider koyduğu hedeflere ulaşmak için yol haritasını üç parçaya bölüp uygun zamanda, yeterli ve doğru şekilde yapmak olduğunu bilir.

- **Kısa vadeli hedefler: 3** ay içinde gerçekleşmesi planlanan hedefler.
- **Orta vadeli hedefler: 1** yıl içinde gerçekleşmesi planlanan hedefler.
- **Uzun vadeli hedefler: 2** yıl ve sonrasında gerçekleşmesi planlanan hedefler.

Hedeflerin gerçekleşmesindeki en önemli unsur ekibin bu hedeflere inanması ve sahip çıkmasıdır. Lider, hedeflerin gerçekleşmesi aşamasında tüm gelişmeleri takip etmesi, gerekiyorsa önlemler alması ve ekibini motive etmesi gerektiğini bilir. O hedeflerini gerçekleştirme konusunda kararlıdır.

Güçlü lider ne yapılacağı ya da ne yöne gidileceği kadar bunun ne zaman yapılacağına da önem verir. Zamanlama bir lideri ya başarıya götürür ya da sonuç felaket olur. Gelin bunu aşağıda görelim.

Yanlış zamanda yanlış hareket felakete götürür.

1- Yanlış zamanda doğru hareket direnç doğurur.
2- Doğru zamanda yanlış hareket hatadır.
3- Doğru zamanda doğru hareket başarı getirir.

Liderler doğru hareketi doğru zamanda yaptıklarında başarı nerdeyse kaçınılmazdır. Böyle zamanlarda insanlar olağanüstü bir etki yaratmak için birlik olurlar. Doğru lider ve doğru zamanlama bir araya geldiğinde ortaya çıkan sonuç inanılmazdır. Bu konuya verilebilecek en iyi örnek yine ve yeniden Atatürk'tür.

Genç bir subayken, "Yeni bir ülke kuracağız ve adı Türkiye Cumhuriyeti olacak" diyerek hedef koyan ve bu hedefini en ince ayrıntısına kadar planlayan, hedefini zamana yayıp attığı adımların sonuçlarını görerek ilerleyen, bu müthiş hedef için takipçiler yaratan ve en önemlisi doğru zamanda doğru kararlarla inanılması güç sonuçlar elde ederek bugün bizlerin özgürce yaşadığı Türkiye Cumhuriyeti'ni kuran büyük ve güçlü bir lider... Daha iyi bir örnek düşünemiyorum.

Durumu anlamak ve ne yapacağını bilmek liderlikte başarılı olmak için yeterli değildir. Doğru hareket doğru zamanda yapılırsa başarı getirir. Bunun dışında yapacağınız her şey ağır bedellere mal olabilir.

Hedeflerin somut ve ölçülebilir seçilmesi, ekibin bu hedeflere inanması ve liderin bu hedefleri takip etmesi ne kadar önemli ve vazgeçilmezse, bu hedeflere varmak için atılacak adımların zamanlaması en az diğerleri kadar önemlidir. Zamanlama ya başarıyı ya da felaketi getirir.

Hedefleri belirlemek ve zamanlama her şeydir.

Zaman / Toplantı Yönetimi

Liderlik konusunda, liderlik özelliklerini sergilemeniz gereken konulardan biri de toplantı ve zaman yönetimidir. Türk toplumunda zamanında toplantıya katılma alışkanlığı maalesef olması gerektiği düzeyde değildir. Aynı şekilde bir konu tartışılırken birbirimizi dinlemiyoruz ve anlama konusunda fazla bir çaba sarf etmiyoruz. Kendi görüşümüzü karşı tarafa sözünü keserek, yüksekten bakarak, zaman zaman yüksek perdeden agresif bir şekilde konuşarak, saygısızca kabul ettirmeye çalışıyoruz. Bunun günlük hayatımızda örneklerini görebiliriz.

Zaman yönetimi ve toplantı yönetimi konularında çok dikkatli ve özenli olmaya, ekibimden de aynı hassasiyeti beklediğimi hep vurgulamışımdır. Zaman zaman tüm uyarılara rağmen geçerli mazereti olmadan toplantıya geç katılanları toplantıya almadım ve daha sonra kendileri ile konuşarak onları da anlamaya çalışarak gerekli uyarıları yaptım ve bu prensibe uymalarını sağladım.

Bu konuda örnek aldığım, çok büyük saygı duyduğum ve sevdiğim yöneticilerimden biri de Milli Reasürans Genel Müdürlüğünü 28 yıl ve Birlik Başkanlığını 12 yıl, Başkan Yardımcılığını da 12 yıl süreyle yaparak T. Sigorta Şirketleri Birliğine emek veren Sayın. Cahit Nomer'dir. Kendisi ile Başkanım olarak 4 yıla yakın, Birlik Yönetim Kurulu üyesiyken ve 8 aylık bir süreçte de genel sekreter olarak yakın çalıştım. Tecrübesinden ve konulara yaklaşımından çok şey öğrendiğim bir büyüğüm ve Başkanımdı. Toplantılara mutlaka zamanından önce gelirdi. Gündem ile ilgili hazırlığını yapmış olurdu. Geç gelen yönetim kurulu üyelerine usulünce uyarıda bulunurdu. Üyeler sigorta şirketlerinin Genel müdürleriydi. Uyarının ötesinde başka bir yaptırım olması mümkün değildi. Başta da söylediğim gibi toplumumuzda makam olarak hangi düzeyde olursak olalım hangi eğitimi almışsak alalım maalesef disiplin konusunda zaafımız var. Bunu bugün de iş dünyasında her kademede görebiliriz.

15 günde bir yapılan yönetim kurulu toplantıları saat 14.30-17.00 arası olurdu. Cahit Bey toplantıyı açtıktan sonra gündemdeki maddelere geçer ve herkese söz hakkı vererek görüş ve değerlendirmelerini söylemelerini isterdi. Tartışılan gündem maddesinin ya da konunun özünden sapıldığı anda kendisi

müdahalede bulunur ve tartışmayı konunun özüne çekerdi. Görüşlerin üyeler tarafından tekrarına izin vermez ve "Konu kifayet-i müzakere edilmiştir" yani yeterince tartışılmıştır der ve konunun toparlanarak karar verilmesini sağlardı. Hatta toplantı sırasında toplantıyı 17:00'de bitireceğini, sohbet etmek isteyenlerin dilerse daha sonra kalarak bunu yapabileceklerini söylerdi. Toplantının etkin geçmesi ve zamanında bitirilmesi konusunda müthiş bir yönetim tarzı vardı Cahit Bey'in.

8 Maddede Üretken, Verimli ve Etkin Toplantı

1. Toplantı gündemini belirleyin ve bildirin
2. Gündem maddeleri ile ilgili çalışmalar varsa gündem ile birlikte katılımcılara önceden gönderin.
3. Gündemin maddeleri dışında başka konuların konuşulmasına izin vermeyin
4. Katılımcılara söz hakkı verin. Kısa ve net konuşmalarını sağlayın. Önerilerini alın.
5. Aynı anda bir kişinin konuşmasına izin verin.
6. Katılımcıların kendi aralarında konuşmalarına ve başka işlerle uğraşmalarına izin vermeyin.
7. Toplantıda tartışma olmasına ve aykırı fikirlerin söylenmesine izin verin.
8. Bu tartışmaların kişisel hale dönüşmesine asla izin vermeyin. İşe odaklı tartışmalar olmasını sağlayın.

Yapacağınız işleri önem sırasına göre önceliklendirin. Zaman insan hayatında çok değerli ve bir daha geri gelmeyecek bir süreçtir. Zaman yönetimini iyi yapamayan bir liderin örgütü sağlıklı işlemez ve başarıya ulaşamaz. Lider, hedeflere ulaşabilmek, verimliliği arttırmak, görev gereklerini en uygun şekilde gerçekleştirmek için zaman yönetiminin önemini bilir. Lider önceliklerinin bilincindedir. Liderin zamanını iyi yönetmesi ve zamana hakim olması koyduğu vizyon ve hedeflere ulaşmasında kendisine büyük katkısı olur.

> *"Bütün gerçeklerin, keşfedildikten sonra anlaşılması kolaydır; önemli olan, onları keşfetmektir."*
> *Galileo Galilei, Bilim İnsanı*

> *"Her işin başı zamanlamadır, bir işin ne zaman yapılacağı, nasıl yapılacağı kadar önemlidir."*
> *Arnold H. Glassow*

> *"Bir insan, bulunduğu mevkiyle değil, hedeflediği mevkiyle ölçülmelidir."*
> *Lev Tolstoy*

13. DANIŞMAK

Amerikalı yazar, kişisel gelişimci ve iletişim uzmanı Dale Carniege'nin sözü ile başlayalım. "Yapılacak bir iş için akıllı bir insana başvurursan işin büyük bir kısmını çözmüş olursun."

Kesinlikle doğru bir yaklaşım. Hiç kimse her şeyi bilme becerisine sahip değildir. Herkesin çevresinde bilgisine ve kişiliğine güvendiği insanlar vardır. O insanlara akıl sorarak, danışarak hareket etmek ve karar vermek sağlıklı ve doğru olan yaklaşımdır. Liderler için de aynı şey geçerlidir. Bir liderin her şeyi bilmesi gerekmez, bilemez de... Kendine güçlü, bilgili, donanımlı ve güvenilir bir ekip kurması, bu ekibe danışarak karar alması başarı ve sağlıklı sonuçlar için vazgeçilmezdir. Güçlü lider bunun farkında olan ve eyleme geçen kişidir.

Gerçek Lider çevresini potansiyeli yüksek ve lider özellikleri taşıyan kişilerle donatır. Ekibinde güçlü yardımcıları barındırmayan lider, işlerin yapılması ve karar alma konularında yorulur, hata yapar ve başarıya ulaşması zorlaşır. Siyasi, askeri ve iş dünyasında güçlü ve başarılı liderlere baktığımızda arkalarında mutlaka danıştıkları güçlü ve güvenilir ekipleri olduğunu görürüz. Aksi pek mümkün değildir.

Buna bir örnek için iş dünyasından bakalım. Bir gün bir gazetede Henry Ford'u çok sert eleştiren bir yazı çıkar. Yazının içeriğinde onun eğitimsiz, bilgisiz biri, hatta cahil olduğu anlatılmaktadır. Ford yazıyı yazanları mahkemeye verir. Yazıyı yazan kişiler mahkemede yazdıklarını ispatlamak adına hâkime Henry Ford'a güncel olaylardan 5 soru sorup yanıtlamasını istediklerini ifade ederler. Hakim kabul eder ve cevaplaması için Ford'a beş soru sorulur. Henry Ford gülümser, "Hayır bilmiyorum ama bu soruların cevaplarını bilen ve istediğimde bir dakika içinde buraya gelebilecek insanlar tanıyorum der" ve davayı kazanır.

Bu konuda Koç Grubunun kurucusu rahmetli Vehbi Koç'un liderlik örneği gösteren bu sözüne çok değer vermek gerekir:

"Hayatım boyunca birçok işte söz sahibi olmakla birlikte her zaman başkalarına danıştım, bazen düşüncelerimin çok hatalı olduğunu gördüm, yerinde düşünceleri kabul ettim, bundan çok yararlandım. Bence insan kendi aklını kullanmadan önce, güvendiği kimselerden fikir almalı, bu fikirler üzerine oturup düşünmeli, sonra kararını vermelidir."

Büyük bir sermayedar olarak Vehbi Koç, sahip olduğu zenginlik ve güce rağmen iş yaşamında danışmanın ve akıl almanın ne kadar önemli olduğunun altını çizmiş ve hayatında uygulamıştır.

Bilmediğinizi söylemekten, öğrenmek için sorular sormaktan asla çekinmeyin. Bilgi her şeydir. Bugün etrafımızda bilgi sahibi olmadan fikir sahibi olan maalesef çok insan var. Bu insanlara ülkemizde, dünyada, siyaset ve iş dünyasında bolca rastlıyoruz. İnsanı güçlü kılan ve saygı uyandıran konuların en önemlilerinden biri de bilgidir. Tabii kişinin bu bilgiyi nasıl aktardığı ve kullandığı da çok önemli bir konudur. Bu kitapta vurgulamaya çalıştığım şey, ancak liderlik özellikleri sergileyerek, bilgisini çalışanlarına, destekçilerine aktaran, paylaşan kişiler gerçekten liderlik yapabilirler.

Başarılı bir lider güçlü bir karar alıcı olduğu kadar samimi bir danışandır aynı zamanda.

> *"Bir akıl iyidir ama iki akıl daha iyidir."*
> *Anton Çehov, Yazar*

> *"Seni buraya getiren, oraya götürmeyecek."*
> *Marshall Goldsmith*

14. CESARET / RİSK ALMAK

"Mal kaybeden bir şey kaybetmiştir. Onurunu kaybeden birçok şey kaybetmiştir. Cesaretini kaybeden her şeyini kaybetmiştir."
Goethe – Alman edebiyatçı, filozof

"Yolunuza devam edin ve hata yapın. Çünkü başarıyı bu yol üzerinde bulacaksınız."
Thomas. J. Watson- IBM Genel Müdürü.

Bu sözlerden anlaşıldığı gibi cesaret ve risk almak bir liderde olması gereken özelliklerdir. Lider cesaretle risk alarak, hata yapmaktan korkmaz. Cesaretin korkusuzluk ve gözü karalık anlamına geldiğini düşünmek büyük hata olur. Belki şöyle tanımlamak daha doğru olacaktır.

Lider, tehlike karşısında kapıldığı korkuya rağmen akıl ve zekâsını kullanarak yapılması gerekeni yapandır.

Lider adım atmadan önce hazırlığını yaparken olası alternatif yollarını da belirler. Türkçemizde, "Korkunun ecele faydası yok" diye bir deyim vardır. Korku, cesareti ve risk almayı kısıtlayan büyük bir engeldir ve yeni başlangıçlara izin vermez.

Tabii cesur kararlar ve risk almak becerili ve bilgili olmayı gerektirir. Lider sahip olduğu bilgi ve beceri ile her olasılığı düşünerek belirsizlik içindeki durumdan kurtulur. Belirsizliğin hâkim olduğu durumlarda özgüveni, cesareti ve risk alma becerisini kullanarak hedefine doğru devam eder. Bunları yaparken yaptığı hatalardan ders alır ve devam etme cesaretini gösterir. Şunu da belirtmekte fayda var. Her cesur, lider değildir. Liderlik elbette hırs, azim ve ihtiras gerektirir. Ancak aklın ve vicdanın önüne geçen ihtiras kolaylıkla felaket habercisine dönüşebilir.

Cesaret ile ilgili bir örnek vermek isterim. Lawrence Earl'ün, Yangtze Incident 1950 kitabında cesaret ile ilgili bir hikâye anlatılır. 1949 yılında komünist Çin orduları tarafından Yangtze Nehri'nde topa tutulduktan sonra zorla demirlettirilen *HMS Amethyst* adlı bir İngiliz fırkateyninin hikâyesi kaleme alınmıştır. 101 günlük bekleyişin ardından oluşan açlık, salgın hastalıklar ve moral bozukluğu sonucu Kaptan Kerans ablukayı yarmaya ve 240 km uzaklıktaki açık denize ulaşmaya karar verir. Özellikle seçilen kapkaranlık bir gecede başlayan kaçışın en tehlikeli anı, denize yakın bir noktada daralan Yangtze Nehri üzerinde Çinlilerin batık gemilerden oluşturdukları engeli aşabilmektir. Topçu bataryalarının gölgesindeki bu daracık kanaldaki geçiş noktasını iki fener belirlemektedir. Oraya yaklaştıklarında bu fenerlerden sadece birinin ışığı yanmaktadır. Diğeri sönmüştür. Zifiri karanlıkta başka hiçbir kerteriz* noktası gözükmemektedir ve Çin savaş botları peşlerindedir. Fenerin üzerine tam yol seyreden serdümen Frank fenere yüz metre kala kaptana seslenir: "Hangi taraftan efendim?" Kaptan Kerans sakin bir sesle," Fenerin hemen iskelesinden* geç" komutunu verir... Ve tereyağından kıl çeker gibi kanaldan süzülüp açık denize ve özgürlüklerine kavuşurlar.

Daha sonra, mürettebat kaptanlarına sorar. "Geçişin fenerin hangi yönünden olduğunu nereden biliyordunuz? "Kaptan, "Bilmiyordum" cevabını verir. Bildiği, hata yaptığı takdirde gemisinin Çinlilerin batık gemilerle oluşturduğu barikata çarpıp denize ve özgürlüklerine çok az bir mesafe kalmışken batacağıydı.

Bir diğer bildiği de karar vermesi gerektiği ve bu kararı kendisinden başka verecek kimsenin olmadığıydı. Subaylarına danışacak, fikir sorup veri toplayacak zamanı da yoktu. Gemisinin ve tayfasının sorumluluğu ona aitti. Kaptan Kerans bu ortamda, hızla ve cesaretle karar vermişti. Belki gölgelerin detayından, belki dalgaların durumundan, belki akıntının temposu, rüzgârın sesi ya da içinden gelen bir telkinle... Hatta belki de bunların hepsini anlık bir değerlendirmeyle harmanlayarak kararını vermiş, gemiyi ve mürettebatının hayatlarını kurtarmıştı.

Tecrübe, bilgi, başkalarına danışmak, araştırmak... Bunları harmanlayarak ve sezgilerinize güvenerek cesaretle karar vermek ve risk almak bir liderin yapması gereken aksiyondur.

Tehlike mi Fırsat mı?

1. Sorunları tespit et
2. Tehlikeyi tanımla
3. Araştır ve güvendiğin kişilere danış
4. Tecrübene ve sezgilerine güven
5. En kötü senaryo için B planını düşün
6. A planına odaklan ve riskleri onar...

> *"Cesaret, bütün zorluklar ile her durumda savaşmaktır. Hatta olmayanı oldurmaya çalışmaktır." Georges Clemenceau, Fransa Başbakanı.*

> *"Liderlik pozisyon değil aksiyondur."*
> *John Adair, Eğitimci, Yazar*

> *"Atacağınız ilk adım yapacağınız şeyin olabilirliğini kanıtlamak. Daha sonra ihtimaller ortaya çıkacaktır."*
> *Elon Musk, PayPal, Tesla Motors ve SpaceX'in Kurucusu*

15. KARAR ALMA / KARARLILIK

Liderin zafiyet gösteremeyeceği bir tek yer vardır, o da karar aşamasıdır. Lideri sıradan yöneticiden ayıran özelliklerin başında gerektiğinde, zamanında, zor koşullar altında, hızla karar alabilme arzu, cesaret ve yeteneği gelir.

Gerektiğinde diye belirtmemin nedeni, yapısını ve süreçlerini etkin oluşturmuş bir kurumda liderin sık sık karar alması gerekmez, hatta çok doğru da değildir. Kimlerin hangi görev ve sorumlulukları olduğu belirlen-miştir. Lider, yöneticilerin karar almada sıkıntısı olduğunu anladığı anda devreye girer ve kararı alır. Ekibin kaptanı olarak boşluk, ürkeklik ve erteleme gibi tehdit ve tehlike içeren durumlara müdahale etmek liderin görevidir.

Lider, her zaman kurumun ortam ve koşullarına göre kararın zamanlamasını saptama imkanına sahip olmayabilir. Dış etkenler onu hiç beklemediği bir anda ve hazırlıksız yakalayabilir. Bu zor koşullar altında hızlı karar verebilmek için liderin psikolojik olarak hazır ve cesur olması gerekir. Önünde yeterli bilgi olmasa dahi, birikim, bilgi, tecrübe, mantık ve içgüdülerini harmanlayarak seçimini ve kararını verecektir. Çünkü böyle kritik durumlarda tereddüt tehlikeyi, erteleme felaketi getirebilir. Bu yaklaşımlar sıradan bir yönetici ile lideri ayrıştıran en temel özelliklerden biridir.

Ancak liderin bir başka özelliği de aldığı kararların sonuçlarının hedeflere uygun olmadığını anladığı anda kararlarını değiştirme, yoluna yeni kararlar ile devam etme kabiliyetidir. Kendi hayatımda yaşayarak, gözlemleyerek ve uygulayarak teyit ettiğim çok önemli bir görüş var,

---

"En kötü karar kararsızlıktan iyidir."

Bir kriz/tehlike karşısında kilitlenip kalmak ve kararsızlığa düşmek yapılabilecek en olumsuz ve tehlikeli yaklaşımdır.

"Yolunuza devam edin ve hata yapın. Çünkü başarıyı bu yol üzerinde bulacaksınız." Thomas. J. Watson- IBM Genel Müdürü

Bu sözü başka bir bölümde daha kullanmıştım. Lider hata yaparak doğru yolu bulacak, telafi için çözümler gelişti-recek, geliştiremezse de sonuçları yönetebilecek ve hedefine ulaşmakta başarılı olacaktır. Eylemsizlik ve kararsızlık bir liderin ya da kişinin yapabileceği en büyük hatalardan biridir.

Genel Müdürlüğüm sırasında Garanti Sigorta'nın reasürans plasmanları için Teknik ve Reasüranstan sorumlu Genel Müdür Yardımcısı Buket Hanım ve Birim Müdürü Nazlı Hanım ile yabancı reasürans şirketleri ile yılın belirli zamanlarında temaslar yapıp, görüş alışverişinde bulunurduk. Bunun için Avrupa'nın çeşitli ülkelerinde bulunan reasürans şirketlerine ziyaretler yaparak Türkiye'yi, Doğuş Grubu'nu, ana sermayedar Garanti Bankası ve Garanti Sigorta'yı anlatıp strateji ve hedeflerimizi paylaşırdık.

Almanya ve dünyanın en büyük reasürans şirketi olan Münih Re yetkilileri ile Ekim 2001 yılında Münih'te yaptığımız reasürans yenileme anlaşması görüşmeleri sırasında, 11 Eylül 2001'de New York İkiz Kulelere uçaklarla yapılan terörist saldırının da yarattığı olumsuz etki ile önümüze ağır şartlar sürüldü. Kabul etmemiz istenen şartların şirket olarak bizi rekabetçi olmaktan uzaklaştırma ve yeni yeni toparlanmaya başlayan şirketin bilançosunu olumsuz etkileme riski vardı. Şirketin 1991 yılında kurulduğundan beri lider reasürörü olan ve o güne kadar bizi destekleyen Münih Re'nin bu yaklaşımı karşısında şirketin genel müdürü olarak bir karar vermem ve toplantıda bunu dile getirmem gerekiyordu. Bir taraftan da öncesinde Münih Re'ye bu kadar bağımlı olmanın riskini görmüş ve genel müdür atanışımla birlikte 4 olan reasürör sayısını artırma yönünde yoğun tanıtım toplantıları, yabancı reasürörlere ziyaretler gerçekleştirmiştik.

Portföyümüzde Münih Re'nin yerini alacak lider reasürör adayları da bulunuyordu ama ne var ki şartlarda anlaşacağımızdan emin değildim.

Toplantı sırasında ekip arkadaşlarımla yaptığım değerlendirme sonrasında Münih Re yetkililerine önerdikleri şartlar ile anlaşmayı yapmamızın imkânsız olduğunu kararlılıkla belirterek toplantıyı bitirdim. Münih Re'nin reasürans plasmanımızdaki payı %25 idi. Çok ciddi bir paydı. Bir an önce başka bir lider reasürör bulmamız gerekiyordu. Lider reasürör olabilecek diğer Reasürans Şirketlerinin bizimle çalışma arzuları, olumlu yaklaşımları, kendime ve ekibime olan güvenim, içinde bulunduğumuz belirsizlik ortamında beni bu kararı vermeye yönlendirmişti. Sonraki günlerde ekibimle daha önce temas ettiğimiz ve şirketimizi tanıyan başka bir büyük reasürans şirketi ile beklentimize uygun şartlar ile reasürans anlaşması yaptık.

Lider, bilgi ve tecrübesini kullanarak, ihtiyaç duyduğunda ve gerektiğinde ekibine, güvendiği kişilere danışarak ve karşılaşacağı olasılıkları düşünerek ve buna göre plan yaparak bir lider karar alır ve uygular.

> **"Yapmak istediğin şeyi düşünerek karar *ver. Verdiğin kararı da mutlaka gerçekleştir"***
> *Benjamin Franklin, Amerikalı Yazar, Siyasetçi*

> *"Amaca bağlılık, başarının ilk ilkesidir."*
> *Napoleon Hill, Yazar*

> *"Kararlılık uzun bir yarış değil, birbiri ardına gelen pek çok küçük yarıştır."*
> *Walter Elliot, Siyasetçi*

16. FARKINDALIK

Farkındalık kavramını, geçmişte edindiğimiz deneyimleri-mizin, düşünce ve inançlarımızın bakış açımızı etkileme-sine izin vermeden etrafımızda olup bitenlere bakabilme yetisidir şeklinde tanımlayabiliriz.

Olaylar karşısında dikkatimizi toplayarak yargısız bir şekilde şimdiki ana odaklanmaktır. Geçmişte ya da gelecekte yaşamak yerine anı yaşamak ve önümüzdeki fırsatları görmektir.

Liderliğin önemli özelliklerinden biri farkındalıktır. Bütün liderler, farkındalıkları yüksek insanlardır. Kendi zafiyetlerini ve güçlü taraflarını bilirler. Kendilerine karşı son derece dürüsttürler. Yapmak istedikleri şeyler, varmak istedikleri hedefler konusunda zihinleri çok nettir. Hayatlarını yönlendiren değerlerin farkında oldukları için, zamanlarını ve önceliklerini çok iyi yönetirler. Onlar, birçok bilgi arasından hangisinin önemli, hangisinin önemsiz olduğunu anlar ve karar alırken zorlanmazlar. Ailelerine ayıracakları zamana karar verirlerken de yönettikleri şirketlerde hangi işlere ne kadar zaman ayıracaklarını da belirlerken de zihinleri berraktır.

Kendini bilmek bir erdemdir ve ancak zafiyetlerini, güçlerini iyi tanıyıp kendini yönetebilen bir kişi, diğerlerini de yönetebilir. Aksine, farkındalığı düşük, öfkesinin ya da sevincinin, takdirinin ya da yergisinin nedenlerini bilmeyen, **kararlarını ilkelere dayandırmayan bir insan liderlik yapamaz.** Liderlerin, kendilerine sürekli sordukları sorular vardır. Bu sorular, onların gündelik hayatlarının bir parçasıdır:

- Bugün yaptıklarım, gerçekten yapmak istediklerim miydi? Planladıklarımı yapabildim mi?
- Mecbur kaldığım için yaptığım bir şey oldu mu? Bunun nedenleri neydi?

- Yapmak istediğim ama yapamadığım bir şey oldu mu? Olduysa neden oldu? Bunu ne zaman yapabilirim?
- İnsanlara nasıl davrandım? Kendim gibi olmadığım davranışlarım oldu mu? Düzeltmem gereken bir durum var mı?
- Bugün öğrendiğim önemli bir şey var mı? Varsa, yarınki kararlarımı nasıl etkileyecek?

Farkındalığı yüksek liderler, kendilerine her gün düzenli olarak bu soruları sorarlar. Değiştirmek istedikleri tutum ve davranışları varsa, bunları hayata geçirirler. En yakınlarından başlayarak, çevresindeki insanlar için rehberlik yaparlar.

Farkındalığı yüksek her lider, diğer insanların da kendi değerlerini keşfetmelerini sağlar.

Liderlik, mentorluk ve koçluk da bir kişinin hayatına dokunarak onun hayatında olumlu değişimlere ve başarılara ulaşmasında yardımcı olmaktır. Bunu insanların kendilerinin farkına varmalarını sağlayarak, doğru sorular sorarak, yönlendirerek farkındalık konusunda bilinçlenmelerini sağlayarak başarırsınız. Böyle bir yaklaşımın, liderlik anlayışının insana verdiği mutluluğu ancak yaşayarak hissedersiniz. Hayatım boyunca birlikte çalıştığım ekip arkadaşlarıma hep bu yönde destek vererek gelişmelerine, başarılı olmalarına katkıda bulunmaya çalıştım. Bunun bana verdiği haz, gurur ve mutluluk bambaşka bir duygu...

> *"Sepetinize ne olacağını siz kontrol ettiğiniz sürece tüm yumurtalarınızı aynı sepete koymanızda bir sakınca yoktur."*
> *Elon Musk, PayPal, Tesla Motors ve SpaceX'in Kurucusu*

İyi bir geleceği, iyi bir şimdi yaratarak meydana getirirsiniz."
Eckhart Tolle, Yazar

Balık tutmakla, kıyıda durmak arasında ince bir çizgi vardır.
Steven Wright, Amerikalı Komedyen

17. ÇÖZÜM ODAKLILIK

Güçlü Lider problemlere yol açan nedenleri saptar ve çözüme odaklanır. Ayrıntıların içinde boğulmaz. Çalışanlarına, takipçilerine de çözüm odaklı olmaları konusunda rol model olur, onları yönlendirir. Çözüm odaklılık, aynı zamanda iş yapma biçiminde alternatif yollar arayıp bulmaktır.

Ekibine inanan ve güvenen lider bir sorunla karşılaştığında ekibine danışır, önerilen çözümleri dinler ve değerlendirir. İnsanlık tarihi boyunca zorluğa düşmeden hayatını sürdüren hiç kimse olmamıştır. Bazı insanlar bu sorunların dışına çıkıp bir çözüm bulmaya çalışırken, bazıları da sorunların içinde kaybolup gitmişlerdir.

Sabahları güneş doğmadan önce alaca karanlık olur ve güneş ondan sonra doğar. Her sorunun da mutlaka bir çaresi vardır. Yapmamız gereken, sorunların içinde bunal-mak yerine bunlara çözüm getirecek yeni yollar bulmaktır.

Zorlu durumlarda soruna odaklanmayan kişilerin kendileri sorunun en büyük parçası olurlar.

Kariyerimde içselleştirdiğim konulardan biri de çözüm odaklılıktır. Problem ve kriz anında sakin kalarak, sorunun kaynağını anlayıp hızlıca çözüme odaklanmayı hem özel hem de iş hayatımda uygulamaya çalıştım. Anlık ve beklenmedik bir probleme çözüm bulmak gerektiği gibi, süregelen bir sıkıntılı sürece de müdahale etmek de gerekebilir. Problemi aşmak için farklı, sıra dışı çözümler aramak, denenmemişi denemek gibi akılcı yolları bulmak lider olarak sizin yaptığınız ya da ekibinize danışarak ulaştığınız bir yol olabilir. Önemli olan çözüm odaklı olmayı başarabilmek, bu yaklaşımı benimsemektir.

2001 yılında Garanti Sigorta Grubunun Genel Müdürü iken sağlık sigortaları branşında ağırlıklı Garanti Bankası personelinin bulunduğu Doğuş Grubu çalışanlarına (o dönem 15.000 kişi civarındaydı) hizmet veriyorduk. Sağlık sigortası alanında büyüme hedefimiz yoktu. Bu yüzden etkin bir hastane, laboratuvar gibi hizmet sağlayıcı ağımız da yaygın değildi ve rekabetçi olmakta zorlanıyorduk. Zaman zaman çalışanlardan eleştiri de aldığımız oluyordu. Hedef branşlardan olmayan ve büyümeyi hedeflemediğimiz bir alanda sıkıntı ve problemle karşı karşıyaydık. Ben de sağlık hizmetini, bu alanda en güçlü sigorta şirketlerinden birini seçerek almaya karar verdim. Ekibimle sağlık sigortacılığında etkin, yaygın ve iyi hizmet veren, aynı zamanda rakibimiz olan 3 büyük sigorta şirketi ile temasa geçerek tüm Doğuş çalışanlarını kapsayan sağlık sigortası hizmeti çalışma şartlarını oluşturmalarını istedik. Yaptığımız değerlendirme sonucunda bu hizmeti Yapı Kredi Sigorta'dan almanın doğru olacağına yönetim olarak karar vererek yönetim kurulunun onayına sundum. Yaptığım önerinin akılcı çözüm olduğuna inanan yönetim kurulu öneriyi onayladı ve projeyi hayat geçirdik. Garanti Sigorta ve Yapı Kredi Sigorta co brand sağlık kartları basıldı. Bu iş birliği ben genel müdürlükten ayrıldıktan sonra da uzun yıllar devam etti.

Garanti Sigorta olarak Türkiye Sigorta Sektöründe ilk defa rakip şirketle iş birliği yaparak sıkıntılı bir alana yaratıcı çözüm bulmuş, bir yandan hizmet kalitesini artırırken diğer yandan bu işlemden komisyon kazanarak iki yönden kazançlı çıkmış olduk.

Bir problemle karşılaştığınızda doğru sorular sormaya odaklanırsanız, karşılaştığınız cevaplarda çözümün ipuçlarını bulabilirsiniz.

Çözüme Işık Tutan Sorular

Çözümün bir parçası olmayan herkes sorunun bir parçasıdır derler, o halde çözümün bir parçası olabilecek sorular sorarak başlayabilirsiniz:

1. Bu problem ile neyi fark ettim?
2. Çözümlerim neler?
3. Çözümlerimi kullanılamaz kılan şeyler neler?
4. Bu problemin içinde hangi fırsatlar gizli?
5. Çözümün neresinde duruyorum?
6. Çözüme ulaşırken süreci nasıl bir yaklaşımla yönetmeliyim?
7. Ne kazanacağım?
8. Ve elbette çözüme ulaştıktan sonra bunun için kimlere teşekkür etmeliyim?

> *"Eğer korkmamış olsaydınız, ne yapardınız?"*
> *Spencer Johnson, Yazar*

> *"Sorunlara odaklandığınızda, daha fazla sorun yaşarsınız.*
> *Olasılıklara odaklandığınızda, daha fazla fırsat yakalarsınız."*
> *Zig Ziglar, Yazar*

> *"Git ve şansını ayağa kaldır."*
> *İran Atasözü*

18. SORUMLULUK ALMAK

Bir lideri güçlü yapan temel özelliklerinden biri de sorumluluk duygusunun yüksek olmasıdır. Lider olarak sahip olduğu güçten daha önemli olan budur. İçinde bulunduğumuz yüzyılda şirketlere, kurumlara, hükümetlere bir göz attığımızda, ihtiyaç duyulan ve var olan arasında en önemli eksikliğin sorumluluk sahibi güçlü lider profili olduğunu görüyoruz.

İklim değişikliği, enerji, göç, finansal krizler ve küreselleşme gibi global sorunlar söz konusu olduğunda, sorumluluk sahibi yüksek liderlik sergileyen liderlerin eksikliğini hissediyoruz. Ve bu eksiklik bende dünyanın geleceğine yönelik iyimser duygular uyandırmıyor. Deloitte şirketinin 2015 yılında yaptığı bir çalışmada güçlü liderlere yönelik ihtiyacın dünyanın her bölgesinde hissedildiğini ve ihtiyaç duyulduğunu ortaya koyuyor.

Kriz anlarında bir kahramanın, güçlü bir liderin çıkıp bizleri kurtarmasını bekleriz. İnsanların beklentisi belirsizlik zamanlarında sorumluluk alarak kendilerine yol gösterecek güçlü bir liderin ortaya çıkmasıdır. Lider konumundaki kişi aldığı aksiyon ve kararlar ile lider olup olmadığını kanıtlar ve lider olarak kabul edilir. Bu kitapta daha önce de değindiğim gibi, kişinin bir kurumu sadece yönetiyor olması o kişiyi lider yapmaz. Şirketlerde, hükümetlerde eksik olan liderler değildir. **Lider olarak görülen kişilerde eksik olan, Etkin Liderlik Aksiyonudur.** Bugün insanların en çok ihtiyaç duyduğu eksiklik sorumluluk sahibi güçlü liderlerdir. Eğer liderlik aksiyon almak diyorsak, sorumluluk sahibi lider sorumluluğunun gereğini yerine getirip aksiyon ve kararlar alan kişidir.

Sorumluluk sahibi lider dürüst, samimi ve hesap vere-bilirliği yüksek liderdir. Kendi eksi ve artılarını bilir, hatalarını kabullenir. Davranış ve seçimleri nedeniyle oluşan sonuçların hesabını verir, başarısızlık durumu ve kriz dönemlerinde başkalarını suçlamadığı gibi sorumluluğu üstlenir.

Dünyanın en önemli ekonomi dergilerinden Financial Times sorumluluk sahibi lideri şöyle tanımlıyor: "Lider sadece sermayedarını değil diğer paydaşları, yani çalışanları, müşterileri, hizmet sağlayıcıları, toplumu ve gelecek nesilleri düşünerek karar alandır."

"The 7 Habits of Effective People" adlı kitabın yazarı Stephen Covey insanla ilgili şu tanımı yapıyor: "Her insanda 4 Allah vergisi yetenek vardır. Öz farkındalık, farkında olma, özgür olma isteği ve yaratıcılık... Bunlar bize nihai insan özgürlüğünü verir, seçme, karşılık verme/ aksiyon alma, değişim yapma gücü sağlar."

Garanti Bankası'nda Haziran 1997'de başladığım Kurumsal Krediler Müdürlüğü görevini Sigorta Şirketlerine genel müdür atanmama kadar yani Aralık 1998'e kadar 1,5 yıl sürdürdüm. Bu görevi nasıl ve neden talep ettiğimi sizlerle Kendime Dair bölümde paylaşmıştım. Büyük bir sorumluluktu. Çok büyük grupların ve kurumsal firmaların kredi ihtiyaçlarına ve proje finansmanlarına yönelik risk ve bilanço analizi yaparak ekibinizle kredi dosyasını incelemek, hazırlamak ve kredi komitesine sunmak görevimdi.

Bunu yaparken her sabah ofise 06.30'da gelir ve kredi analistlerinin hazırladığı dosyaları ve kurumsal şubelerden gelen kredi taleplerini inceler, notlar alırdım. Kurumsal şubeler ile birlikte firmaları ve fabrikalarını yerinde ziyaret ederdim. Çalışma hayatımda hep bilgiye ve güvene dayanan açıklık politikası ile çalıştım. Kurumsal Şubelerden gelen firmalarına yönelik kredi taleplerinin acil olan bazılarını kredi komitesi öncesinde kurumsal krediler müdürü olarak onaylıyor ve şubenin kullanımına veriyordum. Bunlar firmanın mevcut kredi limitleri içinde nakit kredi limitinden gayri nakit kredi limitine geçiş yapılması şeklinde oluyordu. Yani münakale yapılıp limit artışı olmadan genelde ihaleler ve işleri için kısa vadeli teminat mektuplarına anlık ihtiyaç duyan şirketler oluyordu. Aslında krediler müdürü olarak buna yetkim yoktu. Ancak şubeden aldığım tüm bilgi ve veriler sonucunda bu kararı zaman zaman veriyordum. Çünkü şube, müşterisinin ihtiyacına cevap vermek zorundaydı ve ben de krediler müdürü olarak onlara destek olmak zorundaydım. Tabii ki makul ölçüler içinde. Sonuç olarak risk alıyordum. Çünkü Türkiye şartlarında iş yapıyorsunuz ve önceden planlanmayan, gündemde olmayan konular ve talepler ile karşı karşıya kalıyorsunuz. Şubeden gelen bu teklifleri kredi komitesine sokup onay aldıktan sonra kullandırmak bankanın kredi politikasının parçasıydı. Bu tür yaptığım bazı kredi münakale işlemlerini daha sonra kredi komitesine sunarak problem olmadan onayını almıştım. Onayını alamasam ciddi bir mesleki sıkıntıyla karşı karşıya kalabilirdim.

Bu işlemleri yaparken en büyük güvencem ve desteğim şube müdürü ve ekibinden aldığım bilgi ve evraklar ile kredi analist ekibimin değerlendirmeleri idi. Sonuç olarak bankada biz bir ekiptik ve görevim makul ölçülerde risk alarak şubelerin ihtiyaçlarını karşılamaktı.

Sorumluluk ve bunun doğal sonucu ölçülebilir riskler almak iş hayatında yeri geldiğinde yapılması gereken bir davranış biçimidir. Bunu için de bilgi, karar verme becerisi, tecrübe ve ekibinize duyduğunuz güven çok önemlidir.

Bir başka örnek de sigorta sektörü çalışma dönemimden. TARSİM, Türk çiftçisine ürettiği ürünler konusunda sigorta desteği sağlamak üzere devlet özel-sektör iş birliği ile kanunla kurulmuş önemli ve güzel bir sistem ülkemizde. TARSİM yapısı itibariyle kamu kurumu niteliğine bir kuruluş. Başkanlığını Tarım Bakanlığı, Yardımcılığını Hazine Müsteşarlığı Sigortacılık Genel Müdürlüğü Temsilcisinin yaptığı bir kurumdu. Ben de Sigorta Sektörünü temsilen Yönetim Kurulu Üyesi olarak görev yapıyordum. Tarım Bakanlığı Müsteşar Yardımcısı, Yönetim Kurulu Başkanıydı.

Bahsettiğim kamu nitelikli Yönetim Kurulu altında, tarım sigortası alanında ruhsatı olan tüm sigorta şirketlerinin ortak olduğu TARSiM A.Ş. tüm operasyonu yapıyordu. Bu şirketin de ayrı bir yönetim kurulu vardı. TARSİM A.Ş. Kadrosunda genel müdür yardımcısı olarak görev yapan yöneticinin yönetim kurulu başkanı tarafından görevden alınmak istenmesini bana sektörden iyi bir dostluğum olan ve o dönem TARSİM Genel Müdürlük görevini yapan arkadaşım iletti ve rahatsızlığını paylaştı. Bu süreçte Tarım Bakanlığından TARSİM A.Ş. Yönetim Kurulu Başkanına ve aynı zamanda Sigorta Şirketleri Başkanı olan Hulusi Taşkıran'a genel müdür yardımcısının görevden alınmasına yönelik kararı içeren yazı iletilmişti. Bu konuda bakanlık ve yönetim kurulu üyesi olduğum TARSİM Yönetim Kurulunun, TARSİM A.Ş.'nin personel kadrosu hakkında tasarrufta bulunma hakkı ve sorumluluğu yoktu ama bunu yapma ve hayata geçirme yaklaşımı vardı.

Bu konudan görev yaptığım TARSİM Yönetim Kurulunun haberi yoktu ve gündeme dahi getirilmemişti. Konuyu öğrendikten sonra yapılan ilk yönetim kurulu toplantısında söz alarak yönetim kurulu başkanına ilgili konunun doğruluğunu ve kendi değerlendirmesini kurula söylemesini talep ettim. Başkan olarak söylediği, özetle Bakanlık olarak ilgili kişiden duyulan rahatsızlığı ve sisteme zarar vereceği endişesiyle ilgili genel müdür yardımcısının görevden alınmasının doğru olduğunu belirtti. Ben de kendisine ve kurula sigorta sektörünü temsil eden yönetim kurulu üyesi olarak bulunduğumu, bizim TARSİM Yönetim Kurulu olarak TARSİM A.Ş.'nin personel ve organizasyon yapısına karışamayacağımızı, bu konuların mevzuatta açıkça yer aldığını ancak yönetim kurulu olarak sadece tavsiye niteliğinde görüş belirtebileceğimizi söyledim. Aslında beni çok rahatsız eden konu,

Kurul olarak yetki alanımızda olmayan bir konuda Kurul Başkanının karar vererek TARSİM A.Ş. Genel Müdürüne de hiç fikir sormadan, bakanlık marifeti ile aksiyon almasıydı. Bu kişiliğime, temsil ettiğim sektöre ve Kurul Üyesi olarak kendime yapılmış bir saygısızlık ve hiçe saymaydı. Yukarıda belirttiğim genel eleştirimin devamında Kurul Başkanı olarak böyle bir karar ve aksiyon almaya Kurul adına yetkisi olmadığını, bunun gündeme alınarak tartışılması ve öncesinde de genel müdürün görüşünün ve değerlendirmesinin alınması gerektiğini oysa bunun yapılmadığını ifade ettim. Bu sürecin sonunda belki görevine son verilmesi istenen genel müdür yardımcısı ile ilgili mutabakatla aynı görüşte olacağımızı ifade ettim. Yönettiği süreci ve yaklaşımını şahsıma saygısızlık olarak kabul ettiğimi ve Kurulda her Üyenin sorumluluğu olduğunu hatırlattım. Kendisi bu eleştiri ve çıkışımdan sonra benden ve kuruldan özür dileyerek konuyu tartışmaya açtı ve sonunda sıkıntının büyümemesi adına ilgili genel müdür yardımcısının tüm haklarının verilerek iş akdinin sonlandırılması konusunda karar çıktı.

Görev yaptığım her pozisyonda sorumluluk bilinci ile hareket ettim. Yaptığım görevin gereklerini mutlaka dile getirdim ve uyguladım.

Sorumluluk sahibi liderler, farkındalıklarıyla aksiyon alan kişilerdir. Günümüzde iş dünyası ve siyasette lider olarak kabul edilen önderler elbette vardır.

Sorun, iyi ve yetenekli lider olarak kabul edilen kişilerin hiçbir şey yapmamalarıdır.

Yani sorumluluk duygusu ile aksiyon ve kararlar almayan liderlerdir. Bu nedenle sorumluluk duygusu yüksek olan liderlere ihtiyacımız var. Aksiyon alan, daha iyisi için mücadele eden gerçek liderlere...

> *"Sorumluluk, büyük olmanın bedelidir."*
> **Winston Churchill, İngiltere Başbakanı**

> *"Bir lider her şeyden vazgeçebilir. Sorumluluk hariç"*
> **John Maxwell, Yazar.**

> *"Haklarımız, sorumluluklarımızı yerine getirdiğimiz sürece korunurlar."*
> **John F. Kennedy, ABD Başkanı.**

19. YETKİLENDİRME / İNİSİYATİF VERME

Güçlü liderin sahip olduğu en önemli özelliklerden biri yetkisini ekibindeki çalışanlarına devretmesidir. Tüm gücü ve karar verme yetisini elinde tutan ve paylaşmayan bir lider organizasyon içinde başa çıkılmayacak engeller ve sıkıntılar yaratmış olur. Engeller uzun süreli olduğunda, insanlar bu engelleri aşmaktan vazgeçecekler ya da potansiyellerini en üst seviyede kullanabilecekleri başka organizasyonlara gitmenin yollarını arayacaklardır.

Bir yönetici ve çalışan olarak hiçbir inisiyatif kullanamadığınızı, yetkinizin olmadığını düşünün... Bu durumda sadece sizden istenen tanım içinde ve talimatlar doğrultusunda işi yaparsınız. Kişisel gelişiminiz açısından, potansiyelinizi kullanabilmeniz ve şirkete olan katkınızı artırmak açısından pek de bir ilerleme kaydedemezsiniz. Bir şirket içindeki herkese yetki devri yapılması ve inisiyatif verilmesinden söz etmiyorum tabii ki. Belli bir tecrübe edinmiş, yetkinlikleri olan, aldığı eğitimler ile kendini geliştiren, iş sonuçları ve performansı ile kendini ispatlayan çalışanlara verilen yetki ve inisiyatif kullanma hakkından söz ediyorum. Yetki devri ve inisiyatif vermek yapılan işlerin lider tarafından takip edilmeyeceği ve hesap sorulmayacağı anlamına asla gelmez. Bu yetkiler ile donatılan çalışanların yaptıklarından sorumlu ve hesap verebilir olması şarttır.

Yetki vermenin anahtarı ekibine güvenmek, inanmaktır. Yetki vermenin gücü büyüktür. Başkalarını büyütmek lideri daha büyük yapar. Yalnızca kendine güveni olan liderler başkalarına yetki verir ve liderlik yapabilir. Ekibine yetki ve inisiyatif veren liderler güçlü liderlerin ekibinden yetişmesine neden olur. Güçlü liderler yetkilerini başkalarıyla paylaşarak kullanırlar.

Tüm çalışma hayatım boyunca birlikte çalıştığım ekiplerime yetki devri yapmayı ve inisiyatif vermeyi önemsedim ve uyguladım. Bunu hayata geçirirken ekibimin potansiyeline, yetkinliğine ve gelişmesi gereken yönlerine dikkat ettim. İhtiyaç duyulan eğitimler ile kişisel gelişimleri için desteklenmelerine yardımcı oldum. Kendileri ile yaptığım birebir görüşmeler, mentorluk ve koçluk çalışmaları ile destek olmaya, onları yönlendirmeye, cesaretlendirmeye özen gösterdim. Yapılan hataları olağan karşıladım ve tekrarlanmaması için eksikliklerin giderilmesi ya da tedbirlerin alınması yönünde gerekli düzenlemelerin yapılmasına gayret ettim.

Benimle çalışmak hem kolay hem zordu. Ekibe tam güvenle yetki devri ve inisiyatif kullanma hakkı verirdim. Bu yetkiyi kullananlar için hem büyük sorumluluk hem özgüvenlerini artıran, kişisel gelişimlerini detekleyen, tecrübe kazanmalarına neden olan hem de liderine ve şirketine aidiyet duygusunu artıran bir durumdu. Tüm bu kazanımların yanında liderleri tarafından takip edildiklerini ve hesap verebilir durumda olduklarının da bilincindeydiler.

Yalnızca kendinden emin olan liderler başkalarına yetki verirler.

---

20. İŞ AHLAKINA SAHİP OLMAK

Kitabımın bu bölümünde sizlere aslında diğer tüm başlıklarda bahsetmeye çalıştığım liderlik özellikleri içinde var olan konuları bir kez daha kısaca paylaşmak istiyorum. Aslında kitabımda bahsettiğim ve bu bölümde özetlemeye çalıştığım tüm özellikler iş ahlakını oluşturan unsurlardır benim için.

Değerler ve dürüstlük ilkeleri bir insanın hayatında o kadar önemli ki... Kuranı Kerim'de gıybet üzerine çok önemli ayetler vardır. Bunlarda kimsenin arkasından konuşulmaması gerektiği, kişi hakkında gerçek olmayan haberleri yayıp iftira atmanın yani dedikodu yapmanın çok büyük günah olduğu belirtilir. Dini inançlarınız kuvvetli olsun ya da olmasın bu hiçbir insanoğlunun yapmaması gereken bir düşünce ve davranış biçimidir. Onun için yaşadığınız hayat boyunca iyi insan olmaya çaba gösterin ve çevrenizdeki herkese değer verin. İş hayatınızda bu özellik size çok şey kazandıracağı gibi, lider olarak takipçilerinizin de sizi inanarak takip etmelerini güçlendirecektir.

İşinizi kendi iş yeriniz gibi sahiplenin. Daha iyi olması için sürekli düşünün, farkındalığınızı arttırın, yaratıcı ve değişime açık olun. Hayatta değişmeyen tek şey değişimdir. Hedeflerinize, hayallerinize ulaşma konusunda asla pes etmeyin ve vazgeçmeyin.

Unutmayın, başarmamız gereken bir işi ya pes edip bırakırız ya da sonuna kadar mücadele ederek sonuçlandırırız. Hayatta kazananlar asla vazgeçmeyenlerdir.

Bilmediğiniz konuları araştırın, okuyun, danışın, sorun... Bir yönetici, çalışan ya da lider olarak hiç çekinmeyin. Lideri lider yapan birlikte çalıştığı insanlardan kendini üstün görmemesi, güvendiği ekibine bunu hissettirmesi ve kalplere dokunarak güçlü bir bağ kurmasıdır. Çalışanlarınızın düşüncelerine, önerilerine ve eleştirilerine kulak verin. Onların ihtiyaçlarını kendi ihtiyaçlarınızın önünde tuttuğunuz ölçüde yani onları düşündüğünüzü belirten şekilde hareket ettiğinizde lider olarak size inanırlar ve güvenerek takip ederler.

Adil ve ahlaklı olun. Bu iki unsurun olmadığı bir ortamda huzur ve başarıdan bahsetmek mümkün değildir. Kul hakkı yemeyin. Hatalarınızı kabul edin ve değiştirmeye çaba gösterin. Ekibin yaptığı hatayı sorumluluk alarak üstlenin. Başarıyı ekibe mal edin.

Yetki vermenin anahtarı ekibine güvenmek, inanmaktır. Yetkinizi ekibinizle paylaşın. İnisiyatif kullanmaları için cesaretlendirin. Hata yapmalarına izin verin. Ekibine yetki ve inisiyatif veren lider olun ve güçlü liderlerin ekibinizden yetişmesine imkan tanıyın.

Yüksek motivasyon ve tutkuyla işinizi yapın. Bu duygulardan yoksun çalışma sizi başarıya götürmez. Liderliğin önemli özelliklerinden pozitif olma ve tevazu konularının sürdürülebilir başarı ve liderlik için ne kadar önemli olduğunu unutmayın. "Büyüdükçe küçülmesini bileceksin" sözünü aklınızdan hiç çıkarmayın.

Kendi kişiliğinize sahip çıkın ve inandığınız değerlerinizden taviz vermeyin. Bilgi sahibi olun ve araştırın. Kendinizden daha yetenekli ve başarılı insanlardan oluşan ekip kurun. Liderler yetiştiren lider olun. O zaman gerçek güçlü lider olursunuz.

Sıra dışı düşünüp farkındalığınızı yükseltin. Çözüm odaklı olma konusunda kendinizi sürekli geliştirin. Çünkü ekibiniz sizden bunu bekleyecektir. Cesaretli ve kararlı olun. Karar alma yetiniz ve yeteneğiniz tecrübe ile pekişecektir. Hata yapmaktan korkmayın. Sorumluluk alın. Ve bence en önemlisi insanların hayatlarına dokunun. Onların yanında olduğunuzu kalpten hissettirin.

Kitabımın ilk bölümlerinde yazdığım bir bölümü bir kez daha hatırlatmak istiyorum.

"Lider olmak için en üst makama, yani genel müdür, genel müdür yardımcısı ya da makamın adını ne koyarsak koyalım, ulaşmanız gerekmiyor. Bir birimde size bağlı çalışanlarınızı, takipçilerinizi dikkate alarak onların iş ve özel sorunları ile ilgilenmeniz, onları düşündüğünüzü, desteklediğinizi hissettirerek güven vermeniz, onların çıkarlarını gözettiğinizi göstermeniz ve kalbiniz, duygularınız ile bağ kurmanız sizi lider yapar. Liderlik budur."

Yaşadığınız hayatta önce insan olmayı, iyi insan olmayı hedefleyin...

BÖLÜM IV

BİTİRİRKEN

Önümüzdeki on yıllar yeni bir dönemin habercisi. Öyle bir dönem ve süreç ki teknolojinin gelişimi müthiş bir hızla ilerliyor ve daha da şaşırtıcı şekilde ilerleyecek. Bir taraftan ürkütücü bir taraftan da heyecan verici gelişmeler... Bu süreçte güçlü liderlere daha fazla ihtiyaç duyulması kaçınılmaz elbette.

Gelin birlikte insanlığı yakın gelecekte nelerin beklediğine ve nasıl değişimlere hazır olmamız gerektiğine birlikte göz atalım. Tabii bilebildiğimiz ve öngörebildiğimiz kadarıyla...

Düşünün, tahayyül edin, 1998'de Kodak'ta 170.000 kişi çalışıyordu, şirket ürettiği fotoğraf kâğıtlarının %85'ini dünya çapında satıyordu. Birkaç yıl içinde fotoğraf kâğıdı üretimine gerek kalmadı ve şirket mali sıkıntılar yaşadı.

Önümüzdeki 10 yıl içinde diğer birçok endüstri alanında büyük değişimler olacak.

İnsanların çoğu değişimi anlayamıyor bile. 1998 yılındayken, çok değil üç yıl sonra 2001'de fotoğraflarınızı film kâğıdına çekmeyeceğiniz aklınıza gelmiş miydi? Dijital kameralar 1975 yılında icat edildi. İlk kameralar sadece 10.000 piksel kabiliyetindeydi, sonrakiler Moore Kanununu[1]izledi.

Bütün üstel teknolojilerde olduğu gibi dijital kameralar uzunca bir süre hayal kırıklığı yarattı ama daha sonra, sadece birkaç yıl içinde,

---

[1] *Moore Kanunu: Çok hızlı artışla ilgili bir elektronik kanunu

film fotoğrafçılığına göre çok daha üstün olduğu kanıtlandı ve fotoğrafçılıkta kullanılan başlıca yöntem haline geldi.

Şimdi aynı şey yapay zeka, sağlık, elektrikli/otomatik (şoförsüz) araçlar, eğitim, üç boyutlu baskı, tarım ve diğer konularda da oluyor.

Ve işte dördüncü endüstri devrimine hoş geldiniz! Üstel yazılım teknolojisine hoş geldiniz!

Bu yazılım kabiliyeti 5-10 yıl içinde geleneksel endüstri yöntemlerinin büyük bölümünü yok edecek.

UBER'in sadece bir yazılımdan ibaret olduğunu, şirketin kendine ait bir tek otomobili bile olmamasına rağmen dünyanın en büyük taksi şirketi olduğunu hatırlatmak isterim.

Aynı şekilde AirBnB binası, oteli, moteli yok ama dünyanın en büyük otel işletmecisi, şirketi...

Yapay Zekâ: Bilgisayarlar dünyayı anlama ve yorumlama konusunda kat be kat üstün.

ABD'de genç avukatların işsiz kalma ihtimalleri yüksek. Avukatların ilgilendiği çok karmaşık olmayan hukuki konularda gerekli öneri ya da çözüm yollarını saniyeler içinde ve %90 doğrulukla" IBM Watson Programından" alabilirsiniz. Aynı işlem avukatlarla yapılırsa doğruluk oranının %70 den fazla çıkmadığı belirtiliyor.

Yakın gelecekte avukat sayısının bugünkünden daha az olacağı, sadece özel konularda yetişmiş olanların iş yapabileceği öngörüsü var.

Facebook tarafından geliştirilen "Model Tanıma Yazılımı" insan yüzünü insandan daha iyi tanıyor.

2030 yılında bilgisayarların insanlardan daha akıllı hale geleceği yönünde büyük bir görüş birliği var.

Şoförsüz Araçlar: Önümüzdeki birkaç yıl içinde ilk şoförsüz araçların yollarda görüleceği ve 2020'li yıllarda günümüzün otomobil endüstrisinde sıkıntıların oluşacağı öngörülüyor.

Belki de özel bir aracınızın olması gerekmeyecek. İhtiyaç duyduğunuzda telefonla araç isteyeceksiniz, araç kapınıza gelecek ve sizi gitmek istediğiniz yere götürecek. Park etme sorunu ortadan kalkacak, gittiğiniz mesafenin karşı-lığı olan ücreti ödeyeceksiniz. Seyahat sırasında işinizi yapabileceksiniz, zaman kaybınız olmayacak.

Çocuklarımız araba sahibi olmak ve ehliyet almak zorunda kalmayacaklar.

Böyle bir düzenleme için %90-95 daha az sayıda araca ihtiyaç olacağından şehirler değişecek. Eskiden Araç park sahası olarak kullanılan alanlar yeşil parklara dönüştürülecek. Özellikle ülkemizde... Kim bilir?

Her yıl dünyada meydana gelen trafik kazalarında 1,2 Milyon kişi hayatını kaybediyor. Bugün her yüz bin kilo-metrede bir kaza meydana geliyor. Oto pilotla yönetilen araçlarda kaza miktarı her on milyon kilometrede bire düşecek. Her yıl milyonlarca insanın hayatı kurtulacak. Araç üreten şirketlerin çoğu ciddi sıkıntılar yaşıyor olacak.

Tesla, Apple, Google gibi teknoloji şirketleri devrimsel bir yaklaşımla tekerlekli bilgisayarlar üretirlerken, geleneksel araç şirketleri evolusyoner bir yaklaşımla daha iyi araçlar üretecekler.

Kaza olmadığı için sigorta şirketleri büyük sorunlarla karşılaşacaklar, sigorta bedelleri azalacak. Bugünkü araç sigortalama modeli belki yeniden şekillenecek.

Arsa, arazi ev alım satım işleri de değişmek zorunda kalacak. İnsanlar işe giderken bile çalışabilme imkanına kavuşacakları için, uzak da olsa daha güzel ve doğaya daha yakın yerlere taşınacaklar.

Önümüzdeki yıllarda yollardaki araçların büyük kısmı elektrikli olacak. Etrafı kirletmeyen, maliyeti oldukça düşük elektrikle çalışan araçlar kullanıldığından şehirler daha temiz ve daha sessiz hale gelecek.

Güneş enerjisi ile çalışan araçlar tahmini olarak 30 yıl sonra görünüyor. Fakat etkilenmeleri şimdiden izliyoruz.

Geçen yıl dünya çapında açılan güneş enerjisi istasyonu sayısı fosil yakıt istasyonu sayısından fazla oldu. Güneş enerjisi maliyetleri o kadar düşecek ki bütün kömür şirketleri 2025 yılına kadar faaliyetini durduracak.

Ucuz elektrikle birlikte ucuz ve bol su da gelecek. Bir metre küp tuzlu suyu içme suyu haline getirmek için sadece 2 kW elektriğe ihtiyaç olacak.

Dünya üzerinde çok yerde yeterli su var ama içme suyu yeterli değil. İnsanların istedikleri an istedikleri kadar -maliyeti yok denecek kadar az- suya sahip olduklarında neler olabileceğini bir düşünün.

Sağlık: İlaç şirketleri cep telefonu ile birlikte çalışarak retinayı tarayan, analiz için kan ve nefes örneği alıp 54 değişik test yaparak hangi hastalık varsa ortaya çıkaran "Tricorder" adı verilen bir tıbbi cihaz üretiyor.

Cihaz oldukça ucuz olacağından birkaç yıl içinde dünya üzerindeki herkes hemen hemen hiç harcama yapmadan en üst düzeyde sağlık hizmetine kavuşacak.

Üç Boyutlu Baskı: Önümüzdeki on yıl içinde en ucuz üç boyutlu (3D) Baskı cihazının fiyatı 18.000 Dolardan 400 Dolara düşecek. Aynı zamanda cihazlar 100 kat daha hızlı hale gelecek.

Bütün önde gelen ayakkabı firmaları şimdiden bu cihazlarla ayakkabı üretmeye başladı.

Uzak hava alanlarında uçak yedek parçalarının 3D yazıcıyla üretimine başlandı.

Uzay istasyonunda 3D yazıcı kullanılıyor. Bu sayede ihtiyaç duyulan yedek parça ya da malzeme yerinde üretilebil-diğinden geçmişte olduğu gibi büyük miktarda yedek parça taşınmasına gerek kalmıyor.

Bu yılın sonuna kadar yeni akıllı telefonlarda 3D tarama kabiliyeti olacak. Bu sayede kendi ayaklarınızın ölçüsünü çıkararak en uygun ayakkabıyı evde üretebileceksiniz.

Çin'de 6 katlı bir iş merkezi 3D ile üretilerek tamamlandı.

2027 yılına kadar bugün geleneksel yöntemlerle üretilmekte olan malzemenin %10'u 3D ile üretilmiş olacak.

İş İmkânları: Belirli bir sahada iş hayatına atılmayı düşünüyorsanız, kendinize sorun; "Bu işi gerçekleş-tirebilecek miyim?" Cevabınız evet ise, "Bunu daha erken nasıl yapabilirim" konusuna odaklanın.

Tasarladığınız iş telefonunuzla yapılamıyorsa, fikrinizi unutun. 21'nci yüzyılda başarı için tasarlanmış herhangi bir fikir, aynı yüzyıl içinde başarısızlığa mahkûm olabilir.

Meslek: Bugünkü mesleklerin %70-80'inin önümüzdeki 20 yılda yok olacağı öngörülüyor. Pek çok yeni mesleğin ortaya çıkacağı kesin, ancak böylesine kısa bir zaman aralığında yeterli sayıda yeni meslek ortaya çıkar mı sorusunun cevabını henüz bilemiyoruz.

Tarım: Önümüzdeki yıllarda "Tarım Robotları" 100 Dolara satılacak. Üçüncü dünya ülkelerindeki çiftçiler arazilerinde bütün gün çalışmak yerine tarım robotunu yöneten birer yönetici olacaklar.

Aeroponiklerin (topraksız yetiştirilen bitkiler) daha az suya ihtiyacı olacak.

Dana eti üreten ilk Petri tabağının (bakteri üreten tabak) ürettiği et önümüzdeki yıllarda danadan elde edilen etten daha ucuz olacak.

Şu anda, tarıma elverişli arazinin %30'u büyükbaş hayvan üretimi için kullanılıyor. Hayvan yetiştirmek için bu araziye ihtiyacınızın kalmadığını düşünün.

Böcek proteinini kısa süre içinde piyasaya sürecek girişimler var. Böcek proteini etten daha fazla protein içeriyor. Halen çoğu insan böcek yeme fikrine soğuk bakmasına rağmen "Böcek Proteini" alternatif protein kaynağı olarak adlandırılıyor.

Moodies: Hangi ruh hali içinde bulunduğunuzu söyleyen Moodies adında bir uygulama var.

2020'ye kadar yüz ifadenizden yalan söyleyip söylemediğinizi tespit edebilecek uygulamalar geliyor. Tartışanların doğru ya da yalan söylediklerinin kolayca anlaşılabildiği politik bir tartışma izlediğinizi düşünün.

Bitcoin (BTC- Elektronik Para Birimi): Bu yıl ana para birimlerinden biri olabilir, hatta varsayılan rezerv para birimi haline bile gelebilir.

Eğitim: Afrika'da ve Asya'da en ucuz akıllı telefonlar şimdiden 10 Dolara satılıyor.

2020' ye kadar insanların büyük çoğunluğu, dünya çapında eğitim ve bilgiye ulaşmayı sağlayacak, akıllı telefon ya da benzeri bir kolaylığa sahip olacaklar.

Her çocuk sanat, mühendislik, tasarım, dil, bilim, müzik, matematik gibi konularda eğitim almak için Khan Academy ya da benzeri diğer imkânları kullanabilecek.

Uzun Yaşam: Şimdi ortalama ömür yılda üç ay uzuyor. Dört yıl önce 79 yıl olan ortalama ömür şimdi 80 yıl. Aynı zamanda şimdi üç ay olan yıllık artış da devam ediyor. 2036 yılına kadar yıllık artış yılda 12 ay (bir yıl!) olabilir.

Bu nedenle hepimiz çok uzun süre yaşayabiliriz, muhtemelen 100 yaşının çok üzerine kadar.

Ne kadar etkileyici... Bunlar bugünün bilim ve teknolojisine göre bilebildiklerimiz. Kim bilir gelecekte daha neler olacak, tam anlamıyla büyüleyici!

Hızına yetişemediğimiz, dünyada bugüne kadar kabul gören birçok uygulama ve iş yapma biçimlerini değiştirecek, insanların hayatlarına doğrudan ve birçok alanda etki edecek gelişim ve değişimlerin daha etkin yönetilmesinde, daha doğru işler yapılmasında yani her zaman, her alanda *güçlü liderlere* ihtiyaç var. Hatta belki de her zamankinden daha fazla...

Kitabımın sonuna geldiğim bu satırları yazarken, bu kitapta sizlerle paylaşmaya çalıştığım *Liderlik* konusu ile ilgili yazdıklarımın faydalı olacağını umuyorum.

Herkese iş hayatının, yaşadığımız hayatın sadece bir parçası olduğunu da hatırlatmak isterim.

İş hayatında edindiğimiz makamları ve sorumlulukları hayatımızın odak noktası haline getirmememiz ama elimizden gelenin de en iyisini yapmaya çalışmamız gerekiyor. Kendimizi geliştirmemiz gerektiğini asla unutmadan.

"Kimsenin sahip olmadığı, olamayacağı bir şeye sahipsin... Kendine. Senin sesin, senin aklın, senin hikayen, senin bakış açın... Öyleyse yaz, çiz, yarat, eğlen, dans et... Ve yalnızca senin yaşayabileceğin, yalnızca senin sahip olabileceğin o hayatı yaşa..."

Dengeli, sağlıklı, başarılı, mutlu yarınlara...

GÜÇLÜ LİDER	ZAYIF LİDER
Personeline zaman ayırır.	Kendine ulaşmak zordur.
İnsanlara güvenir.	Hiç kimseye güveni yoktur.
Kriz anında soğukkanlı ve rahattır.	Kriz anında panik yapar ve kontrolü kaybeder.
Onunla çalışmak bir zevktir.	Onunla çalışmak bir eziyettir.
İnsanlara adil davranır.	Adaletsizdir.
Sözünün eridir.	Sözünü tutmaz.
İşe zamanında gelir gider.	İşe geç gelir, erken gider.
Ekibiyle gurur duyar.	Kendisiyle gurur duyar.
İlişkilerinde sıcak ve samimidir.	İlişkilerinde soğuk ve riyakardır.
Ekibini başarıya götürür.	Başarıları kendine mal eder.
Bilgiyi yayar.	Bilgiyi saklar.
Hatasını itiraf eder, hata yapanı affeder.	Hatasını kabul etmez, hata yapanı da affetmez.
Ekibini korur.	Kendinden başkasını düşünmez.
Herkesin potansiyelinin ortaya çıkmasına rehberlik eder.	Herkesin kendisi gibi davranmasını ister.
Sorunları basite indirger.	En basit sorunu bile karmaşık hale getirir.
Sevincini ve kederini personeliyle paylaşır.	Sevincinde neşesinden, kederinde gazabından yanına yaklaşılmaz.
	Personeliyle beraber olmaktan rahatsızlık duyar.
	Konuşmaya bayılır.

LİDERLİK MANİFESTOSU

1. Liderlik ruhu taşıyan herkes kendini geliştirerek güçlü lider olma potansiyeline sahiptir.
2. Liderin birincil görevi ekibinin, şirketinin, partisinin, ülkesinin anlam haritasını, vizyonunu yönetmek olmalıdır.
3. Lider, lider yetiştiren kişidir.
4. Lider önce kendini ve kendi çıkarını düşünmez. Lider için öncelik ekibin çıkarıdır.
5. Liderlik, insanların gerekli adımları atmaları için onları etkileyebilmektir.
6. Lider duruşu ve yaklaşımıyla saygı uyandırır. Ekip ancak saygı duyduğu ve inandığı lideri için her şeyi yapmaya hazırdır.
7. Pozisyonun ya da makamın ne olursa olsun, her zaman önemli olan tek şey insan olmaktır.
8. Adalet ve merhametini koru, empati kur.
9. Vizyon, lider olarak hayalinizi, varmak istediğiniz hedefi belirleme özelliğinizdir ve gerçek bir lider, vizyonunu gerçekleştirmek için gereken gücü makamından değil tutkusundan alır. Vizyoner olmak ufkun ötesini görmektir.
10. Ekibinin senin gördüğün resmi görmelerini sağla, ruhlarındaki kıvılcımı ateşle!
11. Lider ve ekibin birbirine olan güveni, başarı için esastır.
12. Liderlik ne olursa olsun devam etmektir. Liderlerin en büyük özellikleri ise kararlılıklarıdır.
13. İnanmadığın ya da değerlerine ters düşen hiçbir şeyi yapma ve kişiliğinden asla ödün verme.
14. Liderin söylediği ile yaptıkları birbiriyle tutarlıdır. Çelişki ve tutarsızlık ekibin lidere olan güvenini sarsar.
15. Güçlü bir liderin koyduğu vizyon ve hedeflere ulaşması için en başta yapması gereken şey güçlü ve iyi bir ekip kurmaktır.

Oluşturduğu ekip içinden yeni liderler yetiştirmesi ise sürdürülebilir başarının anahtarıdır.

16. Lider çalışanlarıyla samimi, açık, güler yüzlü, el sıkan, göz teması kuran, hatır soran ve onları anladığını hissettiren bir içtenlikle ilişki kurar.

17. Güçlü lider dışardan gelen fikirlere açık, önyargısı olmayan, yeni fikirlere değer veren kişidir.

18. Lider her zaman daha iyinin peşindedir. Şu sorunun cevabını arar "Nasıl daha iyi yapabilirim?"

19. Lider için hiçbir görev sıradan ya da önemsiz değildir. O herkesin ve her işin bütüne hizmet eden hayati bir parça olduğunu bilir.

20. Lider danışır, fikir ve görüş alır.

21. Lider, tehlike karşısında kapıldığı korkuya rağmen akıl ve zekâsını kullanarak yapılması gerekeni yapandır.

22. Liderlik azim ve ihtiras gerektirir ancak hiçbir şey aklın ve vicdanın önüne geçmemelidir.

23. Lider hata yaparak doğru yolu bulacak, telafi için çözümler geliştirecek, geliştiremezse de sonuçları yönetebilecek ve hedefine ulaşmakta başarılı olacaktır. Eylemsizlik ve kararsızlık bir liderin ya da kişinin yapabileceği en büyük hatalardan biridir.

24. Kararlarını ilkelere dayandır ancak bu şekilde lider olabilirsin.

25. Farkındalığı yüksek her lider, diğer insanların da kendi değerlerini keşfetmelerini sağlar.

26. Liderin en önemli görevlerinden biri, en zor anda dahi soruna değil çözüme odaklanmaktır.

27. Sorumluluk sahibi lider dürüst, samimi ve hesap verebilirliği yüksek liderdir. Kendi eksi ve artılarını bilir, hatalarını kabullenir. Davranış ve seçimleri nedeniyle oluşan sonuçların

hesabını verir, başa-rısızlık durumu ve kriz dönemlerinde başkalarını suçlamadığı gibi sorumluluğu üstlenir.

28. Bir lider, pek çok ilişkiyi dengede ve sürdürülebilir bir şekilde yönetmelidir. Sermayedar, çalışanlar, müşteriler, hizmet sağlayıcılar ve toplum.

29. Güçlü bir lider sadece günü kurtarmakla ilgilen-mez. Onun çözümleri her zaman uzun vadeli fayda sağlar.

30. Lider insanlar nezdinde iyi ya da kötü algılanmakla ilgilenmez. O adil, eşitlikçi ve saygılı olmakla ilgilenir.

KAYNAKLAR

- BENDEN SONRA DEVAM / Y. AKIN ÖNGÖR
- A DAN Z YE LİDERLİK / OĞUZ SAYGIN – EKREM SAYGIN
- LİDERİN TAKIM ÇANTASI / CEM KOZLU
- JOHN MAXWELL / LİDERLİK YASALARI
- TEMEL AKSOY / ETKİN LİDERLİK DÖRT TEMEL İLKESİ